マイナビ新書

底知れないインド

「最強国家」の実力を探る

JN242984

広瀬公巳

マイナビ新書

はじめに

「バーラト（Bharat）」。

この言葉はインドという国が自分の呼び名として用いたもので「ＩＮＤＩＡ」とは別の新しい自称だ。２０２３年9月にニューデリーで開かれたG20サミット（20か国・地域首脳会議）の際に、会議を主催するモディ首相が、自分が座っているテーブルのネームプレートに国名を案内する言葉として、「ＩＮＤＩＡ」ではなくこの「バーラト」という国名を使った。サミット晩餐会の招待状の送り主の名称もインド大統領でなくバーラト大統領という肩書で出された。つまり世界各国の首脳に対して会議の主催国は「ＩＮＤＩＡ」ではなく、別の聞きなれぬ名前バーラトであると宣言したのである。

バーラトは古代インドの伝説の王バラタ（Bharata）に由来する。１９４９年に成立した現在のインド憲法で「ＩＮＤＩＡ」という英語表記とともに正式国号として定められているにも関わらず、あまり国際的には用いられることはなかった。それがなぜ今、バーラトだと言い始めたのか。

「ＩＮＤＩＡ」は英語である。現在のインド北部がインダス川の古名から「シンド（大河の意）」と称されたものをペルシャ人がヒンドゥーと呼び、16世紀初頭にペルシャに来航したポルトガル人がヒンドゥーをポルトガル語化してインドとした。つまり語源を古く遡るとインドに関係はするものの、英語のＩＮＤＩＡとなった今は外国人がつけた名前であって、憲法ではインド名のバーラトと併記されるということになった。ちなみに「ジャパン」は「日本」の中国語読みであるとか、マルコ・ポーロの『世界の記述』（東方見聞録）に登場する「黄金の国・ジパング」に由来するものであるとされる。英語は、インドを長く支配してきた旧宗主国のイギリスの言葉だ。我々日本人が自国を呼ぶときに用いる言葉は「日本」だが、もし占領軍となったアメリカが日本人に対し「ＪＡＰＡＮ」と呼ぶように求めてきたとすればどのように感じたか想像してみてほしい。

この国称の問題は、自分の国が進む方向は自分で決めると主張し始めたことの証左である。インドは昔のインドではなく、外交や経済で独立した全く新しい顔を見せている。世界からどう見られ、世界の中でどのような役割を持ち、国民の一人ひとりがナショナル・アイデンティティーについてどのような自覚をもつのかについて、少なくとも外国が決めたものをそのまま踏襲するのはもうやめたいと主張し始めたのではないだろうか。

筆者はNHKの特派員としてインドに駐在し解説委員などとして計30年の間、インドを見続けてきた。なぜインドと長く付き合っているかというと、インドは「なくならない国」だからだ。人生において人は様々なものを失う。肩書、友人、仕事、収入、そして勉強して得た知識でさえも記憶の衰えとともに消えていく。多くの時間と労力を費やしても様々なものが失われていくたびに喪失感を感じざるを得ない。しかし、インドは決してなくならない。インド亜大陸が沈没でもしない限りインドは存在し続ける。未来も存在し続け、常に新たな驚きと発見を与えてくれる。自分の時間を投資するのにこれほど価値のある対象はない。少なくとも筆者が生きている間にはインドがなくなることはない。

と、思っていた。ところがインド自身が「自分の国には実はインドとは別の名前がある」と言い始めた。もう一つの名前があるのだと宣言したのである。今まで思い描いていたインドがなくなってしまったらどうなるのか。筆者自身が様々な思いを重ねてきたインドという国や言葉がなくなってしまっては大変なことだ。

いったいこれは何が起きているのか。インドがこれまでとは違う新しいインドに生まれ変わっているということなのか。日本でぼんやりしていると見過ごしてしまいそうな変化が起きているのかもしれない。目を凝らして見ていかないと面白いエキサイティングな展開を見過ごしてしまうのかもしれない。

インドは今、世界の向かう先を決めるキャスティングボートを握っている。中国やロシアとどのように付き合うのか、気候変動や感染症といったグローバルな課題にどう取り組むのか、意見が分かれる事柄の趨勢を決める立場にある。中でも注目されるのはインドが属している二つの国際的なグループだ。

一つはアメリカや日本が属する民主主義国のグループで、このグループはインド・太平洋に位置しており、海洋法など国際間のルールを重んじる。人権や法の支配といった「理念」を重んじる一方で、選挙でリーダーが思わぬ落選をすることもあるという脆弱性も有している国々だ。

もう一つのグループは、これとは逆に中国の習近平やロシアのプーチンなど、強いリーダーが長期政権を敷いている権威主義的な国の集まりだ。こちらは海ではなく陸、つまりユーラシア大陸にあり、民主主義や人権などの「理念」より、歴史や陸続きの「現実」が支配する世界だ。

インドはこの二つのグループの双方に属しながら世界を俯瞰している（12ページ参照）。世界が、リアリズムとイデアリズムのいずれに進むのか、その多数派を作る際のキャスティングボートを手にしている。

これにはインドが世界一の人口で若い人々の爆発力が経済的な成長を生み出し、長らく実現できていなかった政権の安定が有利な環境を作っている事情がある。それはインド自身の戦略というより、ほかの国々の対立や停滞がインドを相対的に大国にしている面が強い。政治的に中立だったり、これまであまり外交的に注目されていなかった分の伸び代が、インドの価値を急速に上昇させている。

インドはすでに経済力でイギリスを抜き、イギリスのスナク前首相はインド系でヒンドゥー教徒だ。英連邦の中での存在感もインドはアジア・太平洋の中心として注目を集めている。エリザベス女王が他界し、大英帝国が世界的覇権国家としての役割を果たしたかつてのパックス・ブリタニカは遠い過去のものとなっている。イギリスがEUからの離脱で揺れる間に、インドはグローバルサウスのリーダー格となった。ヨーロッパとアジア、インドとイギリスの逆転現象と見えるような大きな時代の変化を感じることができる。

ウクライナ侵攻では、世界各国がロシアを非難する中でインドは国連決議の場でも経済制裁の場でもロシアの肩を持つような姿勢を見せた。ロシアを支持しながら西側と協調していくのは難しい。各国が制裁を続ける中でロシアから安価なエネルギーを購入していては各国の不満も高まる。自国のエネルギー事情を理由にアメリカが対立を深めるイランから制裁逃れの原油の輸入を行った。ヒマラヤを挟んだ国境の紛争で一触即発の厳しい緊張状態を維持しながら経済面ではインドは中国への依存度を高めている。それだけインドは多様な場面で多様な外交を緻密な頭脳を使って展開している。

一方でインドがとり得る外交政策は基本的にあまり変わっていないところもある。変わることができない地政学的な制約が多いからだ。だから今後も現在のように世界各国がインドを持ち上げるような有利な外交を続けることができるのか、キャスティングボートを握るポジションを維持できるのか、一定の限界にも注意していかなければならない。インドは二つのグループに属するという非常に有利な位置にいるものの、その立場がいつまで続けられるかという問題があるのだ。

畢竟《ひっきょう》、インドという国はとてもひと掴みで語れるものでもない。簡単に全体像を見ることもできない。筆者を含め多くの先人たちがインドは「わからない国だ」「奥深い国だ」と論じてきた。どんなにインドに詳しい専門家もインドを一言で定義できないだろう。そこで本書では、我々が知っている国と比較しテーマ別にその国との関係を読み解くことでインドの現在の姿を掴み取ろうと試みることにした。ヨガやカレーの国であったり、経済成長目覚ましい新興国であったり、中国と対立する第3の大国であったり、多様な面を持ち合わせるインドを、限られた情報をもとにしてステレオタイプのイメージで語るのではなく、わかりやすくほかの国と比べてどうなのかを論じてみようというわけだ。

本書では、まず第一章で、インドの縮図として第3の都市ベンガルールの現状を紹介し、続く各章でインドとその関係国の直近の動きと背景を分析する。そうすることでインドの相対的な位置を知り、我々が既に知っている国との違いやインドの独自性を明らかにしたい。もちろんそれぞれ明確で客観的な優劣や勝敗の基準があるわけではないが、本書を手に取っていただいた方にはどちらの国に軍配が上がるのか一緒に考えてみていただきたいと思っている。

インドには勝てない。

なぜならインドは喧嘩を仕掛けてこないからだ。インドは長い歴史の中で域外への侵略戦争を行わなかった珍しい国だ。その主な理由は地理的な条件にある。北をヒマラヤ山脈と砂漠に阻まれ、南はインド洋という広大な海に囲まれている。ユーラシアの中心に位置しながら非常に孤立した地域だ。インド国内で十分な土地の広さと多様性を持っているため、他の地域に版図を広げる余裕も必要もなかった。そのインドが今、バーラトという新しい名を名乗り、これまで見られなかった自己主張を始めた。インドは可能性とリスクの双方を増大させている。その実力を注視しなければならない。

キャスティングボートを握る位置にある
インドの国際関係

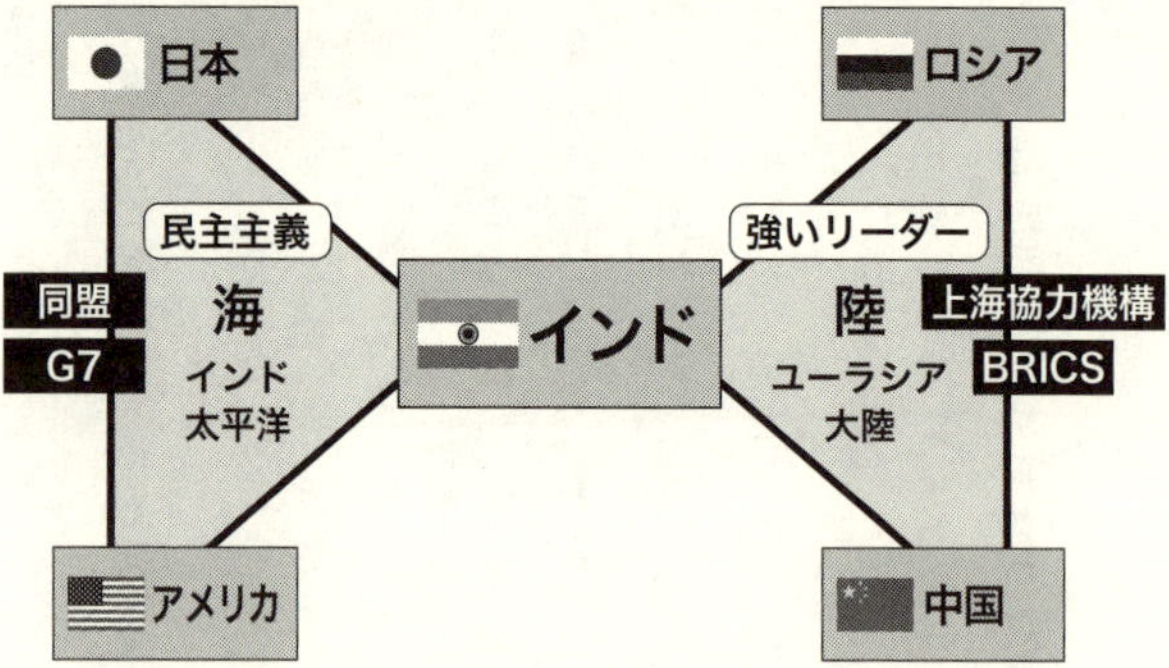

底知れないインド　「最強国家」の実力を探る

目次

第1章　21世紀インドの縮図

第2章　イギリスと「歴史力」を比較する

第3章　アメリカのインド系「リーダーたち」

第4章　カナダとは「宗教力」をめぐり対立

第5章 中国との「国境の争い」

第6章　ロシアとの「連帯」

第7章　日本と「文化力」を比較する

インド全体図

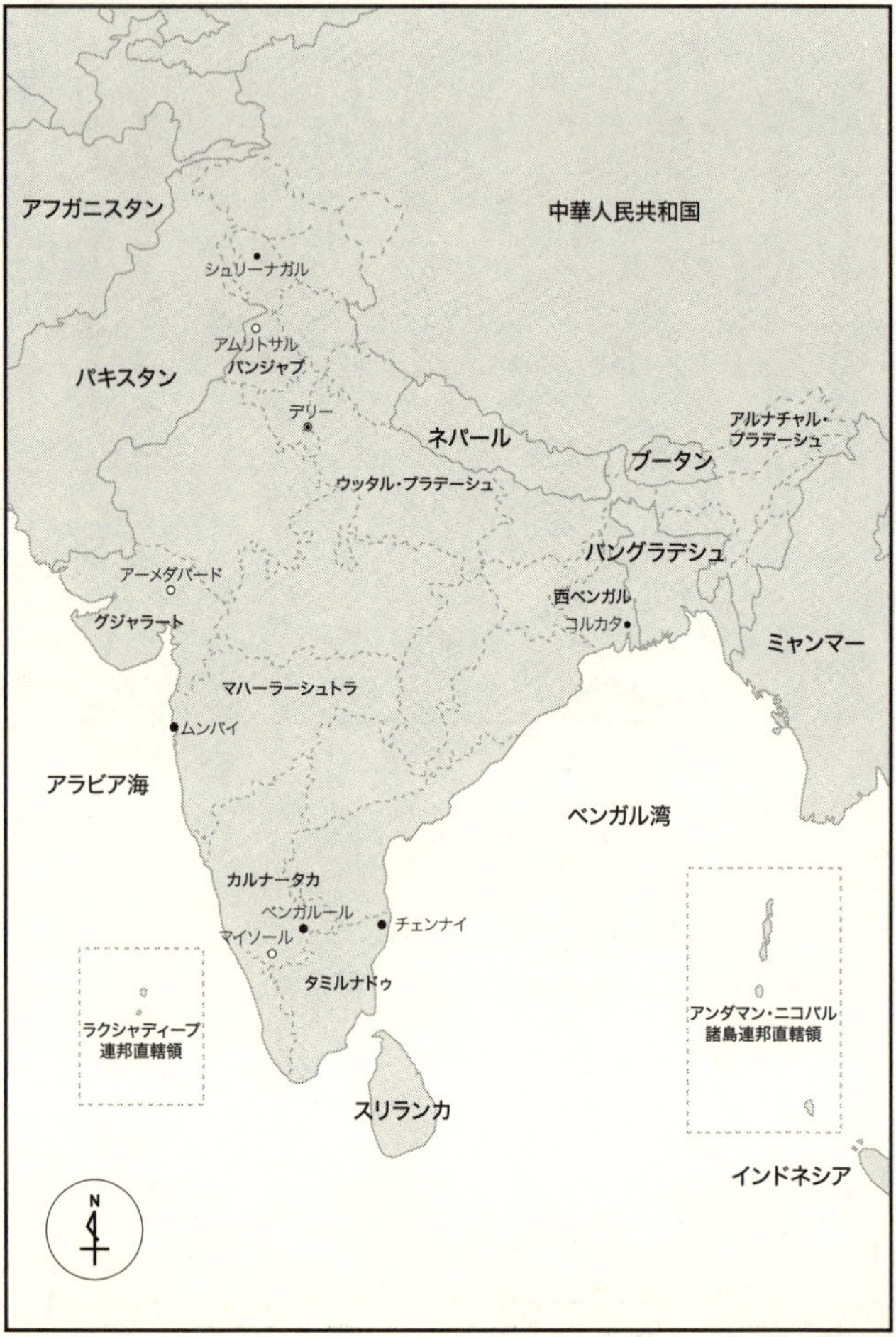
アフガニスタン
中華人民共和国
シュリーナガル
アムリトサル
パンジャブ
パキスタン
デリー
ネパール
アルナチャル・
プラデーシュ
ブータン
ウッタル・プラデーシュ
バングラデシュ
アーメダバード
西ベンガル
グジャラート
コルカタ
ミャンマー
マハーラーシュトラ
ムンバイ
アラビア海
ベンガル湾
カルナータカ
ベンガルール
チェンナイ
マイソール
タミルナドゥ
アンダマン・ニコバル
諸島連邦直轄領
ラクシャディープ
連邦直轄領
スリランカ
インドネシア
N

第1章

21世紀インドの縮図

インドの新しい玄関口

ケンペゴウダ国際空港は、インド第3の都市ベンガルール（バンガロール）近郊、インド南部のカルナータカ州にある。空港の内外で連続する庭園は旅行者と自然をつなぐ「庭園の中のターミナル」だ。東京ミッドタウンにもかかわったアメリカ最大級の建築事務所スキッドモア・オーウィングズ・アンド・メリルが設計した。

インドの成長を語るときには必ずGDPや成長率、そして中国を超えた人口大国であることなどが何度もくりかえし言われるが、なかなか近代的なインドを実感できる場所はまだまだそう多くはない。この空港は、最新のインドの繁栄を視覚的に体感するには最も適した場所だ。インドの各地では、商業コンプレックスもスターバックスやマクドナルドなどの外国系ブランドや資本も所々には見ることができるのだが、まとまった規模感のある大きな空間や施設として一般の人が

インドの新しい玄関口となったケンペゴウダ国際空港（著者撮影）

用いる場所としては、この国際空港とデリー近郊グルガオンの高層ビル群が代表的なものと言っていいだろう。

もともと軍事産業の街として知られるベンガルールには空港があったのだが、ベンガルールの町を築いたケンペ・ゴウダ1世にちなんでケンペゴウダ国際空港に改名することが2013年に決まった。中でもターミナル2は新しいインドを象徴する建築物にすることが検討されてきた。空港はベンガルール市内から約40キロ北方にあり、インドの格安航空会社IndiGoなどのハブ空港となっている。かつてはキングフィッシャー航空もハブ空港としていた。注目のターミナル2に国際線がある。

ベンガルールの町には古くからガーデンシティの伝統があるため、空港も景観に配慮し豊かな文化と自然との調和を強調している。竹を何層にも重ねてつくられた天井が光と影の織物のような陰影を作り出し、ターミナル2全体に落ち着きと高級感を演出している。アイボリーブラウンの花崗岩やアンバーレッドのレンガなど地元で調達した素材が巧みにいかされている。天井から吊るされた豊富な植栽は森林のイメージでもあるし、上下を逆転するような宇宙のイメージも感じる。植栽への灌水は敷地内で集めた雨水でまかない水やりをするとのことだ。店舗エリアの人工の滝が視覚的にも涼しい印象を広げている。

25万5000平方メートルのターミナル建設は、インドで最も大きく急成長している都市の変革の象徴である。ターミナル2は2023年に完成、営業を開始した。すべての国際線はターミナル2へ移転し、日本航空（JAL）もターミナル2での発着を始めている。

筆者が訪れたのは2024年3月。国際線到着後は、搭乗橋を渡って入国審査を受け、1階に下りて機内預け荷物を受け取って税関検査へ進む。空港の出口には、両替所、プリペイドタクシー手配所、レンタカー窓口等がある。現地の電話用SIMを探したが到着は深夜の時間帯だったのでどこにあるかすぐに見つからず、流れのままに前払いタクシーのカウンターでホテルの名前を告げ、そこを出ることにした。インドの空港は厳しい警備が行われているので、出迎え・見送り客はターミナル内に入ることは通常できない。ターミナルビルを出るとプラカードを掲げた出迎えの人たちの列があるのがいつものインドの空港の光景だ。

ベンガルール市内への道のりは高速道路が建設されていて快適な移動の時間になった。デリーの空港では濃い霧や煙で視界が悪くなった中を走ることが多かったが、ベンガルールでは車での移動を安心した気持ちで過ごすことができるように感じた。空港から市内へはタクシーで1時間くらい。渋滞で2時間かかることもあるということなので鉄道での交通整備が待たれるところだ。インドの外国人向けのホテルは、玄関ドアでのセキュリティーチェックが行われていて、金属探知機の大きなベルトコンベヤーがある。そこに手荷物を載せてX線検査に通している間に、金属探知機のゲートをくぐる。

空港を離れて、改めて感じるのがインドで急速に進んでいる格差の問題だ。国際空港は空中庭園の暖かな色合いの照明が何とも言えない高級な雰囲気を作り出している。その一方で、空港を離れるとまだまだ貧しく不衛生な古いインドの面を隠し切れない。むしろ豊かになった最新のインドを見ると対照的な現実の途上国としての姿が際立って印象付けられる。大きな変化の渦の中にあるインドの格差は世界屈指のものとなってしまっている。

富裕層が富を集中させ、その他多くの貧民層が昔と変わらぬ貧しい生活をしている。その構造がより鮮明になってきている。政権を担う与党のインド人民党は、富裕層と富裕層予備軍である中間層を主な支持基盤としている。このままの状態が続けば、確かに権力基盤は強くなり続けるのかもしれないが、潜在的な不満を持つ層も相当な数で増えているであろうことが心配になった。ITの発達と交通インフラによる開発で豊かになっていくベンガルールには変わりゆく21世紀のインドの縮図がある。

地上を走るメトロ

ベンガルール市内ではメトロを試してみることにした。都市化が急速に進み、郊外のＩＴコンプレックスなどへの足としてメトロが活用されている。高速道路もメトロも地方政府の決断力ではリーダーシップを発揮できずになかなか進まなかった。それがモディ政権になってから、中央政府の主導で次々と開発が進んだ。ベンガルールでは、通勤時間短縮と渋滞解消に大きな力を発揮している。

ベンガルールメトロは南北、東西の二本線。南北のグリーンラインと東西のパープルラインである。十字型のシンプルな構造になっているが、今後は中心部から放射状に路線が広がる計画になっており、やがては外環状道路に沿った路線でクモの巣のような形のネットワークがインド第３の都市の経済活動を加速させる大動脈網となる。

メトロというと、日本の地下鉄をイメージして地下に路線が走っているように感じてしまうのだが、インドの場合ほとんどは地下ではなく地上を走っている。中心部以外はまだ開発が進んでいないため、地下に路線を建設しなければいけないような理由はあまりない。郊外はそれほど発展しておらず、邪魔になる道路や建物がないから高架の部分が中心の高速都市交通というふうになっている。

70近くある駅のほとんどは高架駅で地下にある駅は10駅もない。新規開業や延伸で、住民にとって厄介な都市内移動の問題を解決し、通勤・通学の利便性を高める交通手段として期待されている。自動車の急増に伴う環境悪化に歯止めをかけ、駅ナカや駅周辺、郊外の宅地開発にもつながるものでとりあえずはよいことずくめの印象だ。

メトロ出口の掲示板には運行時間が毎日5時から24時までと記されていた。5〜15分の間隔で、当初3両の客車でスタートしたが6両の客車に増えた。1日あたりの乗車者数は約70万人だという。人々の生活を支える大切な足だ。インドの近代化、都市化の象徴であるが、インドではあまり聞かれなかった飛び込み事件も起きている。メトロ電車の前に飛び降りて19歳の少年が死亡する衝撃的な事件がパープルラインの駅で発生し運行が数時間停止した。

現地ではナンマメトロと呼ばれている。カンナダ語で「私たちの地下鉄」を意味する。ベンガルールメトロ鉄道株式会社（BMRCL）はインド中央政府と州政府の合弁事業だ。ベンガルールは映画の街でもあるので、ナンマメトロの敷地内では映画やコマーシャルの撮影も行われている。メトロ駅構内の人混みを背景にした撮影や列車内の撮影。カンナダ語の映画は特別に安い料金で撮影できるということだ。

メトロの特徴は、すべての駅に厳しいセキュリティーチェックがあることだ。飛行機の搭乗の際に行われるようなX線のチェックがあり、荷物はベルトコンベヤーの大きな機械で不審物や爆発物がないか厳しく調べられる。改札口の数はたくさんあるのだがセキュリティーチェックを行う入り口は一つしかないので混み合う。それでもすべての乗客が毎回利用するたびにセキュリティーチェックのゲートをくぐることになっている。ゲートをくぐった後にはこれも飛行機の時と同じように小さな台の上に乗り、担当の警備員が金属探知機で、頭から足先までを撫でるように検査する。もちろんここで危険物が検出されて、足止めを食うことはほとんどないわけだが、テロ対策としての大きな抑止効果があり、利用者側も安心を感じているのかもしれない。

それだけ警備に力を入れるのは、インドでテロ事件が続いてきたからだ。インドのリーダーたち、建国の父マハトマ・ガンディー、長きにわたってインドを首相として率いたインディラ・ガンディー、その息子でネルー・ガンディー王朝の期待の星だったラジブ・ガンディー、いずれもがテロまたは暗殺によって亡くなっている。爆発事件によって列車で大きな犠牲者が出るニュースも続いている。平穏で安全な生活を満喫できるはずのベンガルールでも、犠牲者は伴わなかったものの、物騒な爆発事件が起きている。

2024年3月1日、ベンガルール市内のカフェ店内で突然、爆発が起き少なくとも8人がけがをした。ランチタイムに客でにぎわう店内で突然、爆発したのは手製の爆弾で、28歳から30歳くらいの男がバッグに入れて店内に持ち込んだとされている。男はカフェで軽食を頼んだのち、バッグを置いて店を立ち去ったという。飲食店での爆発物の犯行は、過去に起きた海外でのテロを思い起こさせる手口で、人々に与える心理的な影響は大きい。この種の犯行は爆発物の持ち込みを防止するのが非常に難しい。つまりは手の打ちようがない。

ベンガルール中心部の道路は、かつてのバンコク、今ではインドではムンバイのような激しい渋滞で人々の動きが取れない状態になっている。道路の整備も進んでいるのだが、人口の増加と輸送、そして人の移動の拡大がインフラの整備より早いスピードで進んでいる。メトロの車内は、さながら日本の通勤ラッシュ時の地下鉄の車内のようである。

さすがに人々が押し合うというような状況はあまりないものの、人の息が感じられるような近さにまで多くの人間が接近するということは、インドでは寺院やモスクでもあまりない。明らかに通勤客と思われる中高年の男性が、ひしめき合うような形でつり革につかまっているのを見ると、ここがインドかと考えなおしてしまうほどだ。

デリー・メトロが始まった頃には、商売用の食品や雑貨を大きな袋に詰めて地べたに座っている人たちの姿を見かけたものだが、ベンガルールでは自動車に代わる通勤用のコミューターとして近代インドの発展を表す光景が広がっている。

メトロのチケットは小さなコインである。直径1・5センチ位のプラスチックの丸いコイン型ケースの中にチップが埋め込まれている。それを改札口にタッチすることでゲートが開き入場できる仕組みになっている。コインは透明で中にはベンガルールの建物のカラー写真が入っている。

コインを購入する際には、現金ルピーの貨幣で購入することも可能なのだが、多くの人が用いているのがQRコード決済である。筆者は一番短い区間で15ルピー、日本円で30円足らずのチケットを購入した。目的地の出口改札ゲートにコインの回収口があり返却する仕組みになっている。コインは再利用され、そのたびに次の利用者が用いるための新たなデータが書き込まれる。ゴミが出ることはない。

メトロは、ベンガルールだけではなくインド各地で建設が進んでいる。デリー首都圏や商都ムンバイ、南部の中核都市チェンナイなどがよく知られている。6大都市のメトロ建設には日本の国際協力機構（JICA）が円借款や技術供与で支援している。日本政府が円借款供与や技術協力などで全面支援してきたデリー・メトロは2002年の開業以来着々と路線網を拡大してきた。

デリー・メトロの全長は約350キロ。1日あたりの乗客数は約500万人に及び、東京を上回る世界最大級のメトロに成長している。旧宗主国イギリスの1863年創業のロンドン地下鉄（総延長402キロ・駅数270駅）と並ぶ規模となっている。女性専用車両もあり、ホームドアの整備も進んでいる。渋滞が続く道路や、満員で事故も続く従来の鉄道と比較して顧客の満足度は高い。都市開発の目玉だ。

ハイウェイで古都へ

新しい国際空港でネットワークの広がる航空網、都市化に伴う新しい市民の足となるメトロ、これに加えてインドの国土を大きく変えているのがハイウェイだ。ベンガルールから古都マイソールに足を延ばしてみた。デカン高原の固い岩盤でデコボコだったところを切り開いて、ベンガルールというIT都市とマイソールという歴史都市をハイウェイが結んでいる。インドで急速に進むのは高速道路網の拡充である。ばらばらだった地域と地域がつながることによって14億の若い経済大国の内部の燃焼が加速される。裏錆びた場所でひっそりと残されていたインドの歴史遺産のDNAが国民の愛国心や郷土意識を高める。

マイソールではイギリスのインド統治と、抵抗の戦いの長い歴史を再認識することができる。マイソール戦争は、18世紀後半、南インドのマイソール王国とイギリス東インド会社との間で戦われた。第一次、第二次の戦争では、マイソール王国軍がイギリスに勝利したが、第三次戦争ではマイソール王国が周辺の諸勢力をまとめきれず劣勢となり、最終的に第四次戦争（１７９８―１７９９年）でイギリスが勝利しマイソール戦争は終結した。インドの敗戦の記憶だ。

当時の面影を忍ばせるマイソールの夏の宮殿を訪れた。地域を流れる川が二つの支流に分かれ、再び合流するまでの小さな中洲の中に、マイソールの城塞がある。城壁を出たところにひっそりと夏の宮殿が佇んでいる。レインツリー、サンダルウッド、マンゴーなど青々とした大木に囲まれた宮殿は、外見はほとんどどこに建っているのかわからないと思わせるほどの地味な風合いで、決して権勢を民衆に向けてひけらかすためのものではなかったことがよくわかる。

しかし、一旦宮殿の中に入ると一気にタイムスリップをさせられる。マイソールの諸侯たちが権力を分け合った当時の歴史や、フランスの応援を得ながらイギ

固い岩盤を削って広がる古都マイソールへのハイウェイ（著者撮影）

リスと戦った戦争の日々がドラマチックに描かれている壁画に出会うことができる。首をはねられるもの、足を折るもの、手を切断されるもの、落馬するものなど、今のアクション映画の起源となるようなドラマチックな動きが実に豊富な描写で描かれている。壁面には小さな凹みがあり、電気がなかった時代に燭台が置かれていたようだ。真っ暗な中でライトアップされた宮殿の夜の光景を想像し思いを巡らせることもできる。

南インドで巨大な力を持ったマイソール王国は植民地支配を広げるイギリスにとって最大の敵だった。マイソール王国のスルタンはイギリスという外敵の侵入を前に、大同団結を唱えて周囲の国々と巧みに連携したが、マイソールの攻略を経て、イギリスはインド支配を強化していくことになる。

つまりマイソールでの戦争は、インドがイギリスに負けた辛い歴史の象徴であり、イギリス侵入以前には素晴らしい独自の文化の繁栄があり、インド国内が団結さえあれば国を守ることができたというアイデンティティーの象徴でもある。

マイソールの宮殿には海外の観光客よりも多くのインド国内各地からの観光客が次々と訪れている。今のインドがイギリスとの長い戦いの末にあるということや、イスラム勢力が築いた歴史の跡が南インドにも残されているということを再認識するのだろう。

ＩＴ産業の発展は世界からの資本をインドに集めた。新しい交通インフラを利用する人々は通勤客となり、都市の労働力として豊かな収入を得るようになった。貧困と毎日の生活に追われていた人々が、自分の時間を持ち始め近隣の観光地を訪れている。ハイウェイはインド各地で国土とインドの人々の暮らしを大きく変えている。

国民的スポーツはクリケット

ベンガルールではクリケットの試合をひと目見ようとスタジアムを訪れた。チケットの販売所の前には長蛇の列ができていた。当日券の売り出しにはまだ2時間以上あったのだが、その日の夜の試合のチケットを求める人々が群衆のように集まっていた。前売り券を転売している人たちもいて、警察がパトカーのサイレンを鳴らしながら警ら活動を行っていた。警察から逃れようと、サイレンが近づくとそれに合わせて群衆が大きく動く。インドではよくあることだが、群衆が大きく動くときに、それを管理統制する人たちがいないので、押しつぶされるようなことが起きてしまう。全くのカオスだ。遠くで群衆が動き始めるのを見て巻き込まれないように、慌ててその場から逃げ出した。インドの人たちのクリケット熱にはヒヤヒヤさせられる。

世界で3番目に競技人口が多いのがインドの国民的スポーツであるクリケットだ。野球の原型になったスポーツと言われ、バッターはバットでピッチャーの球を打ち返す。守備の選手は打たれた球を捕り、キャッチャーはピッチャーの投げた球を捕る。バッターと相手チームの走者はピッチと呼ばれる長方形のベースを往復することで点数を稼ぐ。イギリスで13世紀に羊飼いの少年が、投げられた石を棒で打ち返す遊びを作ったことが始まりといわれている。18世紀前半にイギリス都心部でクリケットクラブなど上流階級が楽しむ紳士のスポーツに発展した。大英帝国時代の植民地でもクリケットが流行し、インドの競技人口は世界の半数の1億5000万人にのぼる。4年に1回クリケットのワールドカップが行われる年にはとても盛り上がる。

インディアン・プレミアリーグは、3月—5月に開催される。構成するチーム数は10チーム。チームの多くはチーム名に地域名を持っている。それぞれのインドの故郷を代表するチームであるために、応援の盛り上がりも生半可ではない。2008年に発足したリーグは新しく発展するインドの象徴的な存在である。モディ首相の出身地のグジャラートにある世界最大のスタジアムであるナレンドラ・モディ・スタジアムは収容人数13万2000人の大きさで有名だ。

ベンガルールのチームは、ロイヤル・チャレンジャーズ・ベンガルール（RC

B）で、カルナータカ州を代表する。本拠地はM・チナズワミー・スタジアムで2008年に設立された。所属選手には、ヴィラット・コーリ（Virat Kohli 1988年11月5日―）がいる。通算最多ラン記録保持者で、インド代表元主将。史上最高のバッターの一人とされ、2020年に国際クリケット評議会から世界最優秀選手賞に選ばれた。インドではスポーツ界を超えたスーパースターだ。インスタグラム公式アカウントのフォロワー数がアジア人として史上初の2億5000万を超え、インド政府からパドマ・シュリー勲章を贈られている。クリケットの神様と評される伝説のサチン・テンドルカールを上回る史上最速で通算1万得点を達成し、スポーツ界における最高栄誉賞のラジブ・ガンディー・ケール・ラトナ賞も受賞している。妻はボリウッドスターのアヌシュカ・シャルマだ。

インドのビール王

そのロイヤル・チャレンジャーズ・ベンガルールを所有していたのがインドの大富豪ビジェイ・マリヤ（Vijay Mallya　1955年12月18日―）だ。自宅ビルは、カルナータカ州議会場の前の公園から高く聳えているのが見えた。マリヤのタワーの屋上には、なんとアメリカのホワイトハウスのコピーに見える建物がある。最上階のペントハウスは、ビルの最上階の上に板のように乗せられた敷地があり、そこにホワイトハウスそっくりの建物がある。芝生の前庭までうり二つに作られている。遠くから見るか、ヘリコプターなど上空からしか見えないビリオネアの栄華の象徴だ。マリヤは経済発展するインドの財閥の発展の代表だったが、インドのマネービジネスの危うさを体現する存在にもなってしまった。マリヤは栄華を極めたが、その後マネービジネスに失敗し、インドを追われる身となった。金融犯罪の罪に問われ、イギリスに逃亡した。

マリヤはキングフィッシャーというビールでビジネスに成功した。ベンガルールにあるユナイテッド・ブルワリー・グループ（UBグループ）によって醸造されているインドのビールだ。ブランドは1857年に営業を開始し、その後1978年にマリヤによって再建された。インドで強い市場シェアを誇り、世界的にも50か国以上で愛飲されている。主力商品のプレミアム・ラガーのアルコール度数は5・0％。アルコール度数が高めのストロングなどの商品がある。アルコールを飲む習慣がなかった国の若者に、暑さを忘れさせてくれる喉ごしが良い飲み物が一気に拡大した形だ。

キングフィッシャーという名前は、ブッポウソウ目カワセミ科の鳥で、全長約16センチの美しい水辺の鳥の姿がビールのラベルに描かれ非日常感を演出している。イギリスで製造されたものは日本でも輸入販売されている。柔らかい口当たりが特徴で筆者もよく飲む。製造法はインドで使用されているものと同じだということで、キャッチフレーズ「The Real Taste of India」のマーケティングを行っている。酒類広告制限があるインドでブランドを確立した。

ビジェイ・マリヤの父親は、1960年代初頭までには酒類市場の支配権を獲得し、1977年、禁酒令でビール醸造所と蒸留所が窮地に陥った際に多くのビール醸造所と蒸留所を買収。加工食品、包装、製薬、清涼飲料瓶詰め工場、電池部門などを率いる巨大企業に成長した。倹約家として知られ、息子の小遣いを最小限にして贅沢品を与えなかったということだが、親の目論見は成功しなかった。

1983年に28歳の若さで父親の跡を継いだマリヤはインド最大の蒸留酒会社であるユナイテッド・スピリッツの会長となり、60社を超える多国籍複合企業のトップとして経営の多角化を図った。化学肥料、新聞社、映画雑誌の出版社、ボリウッド雑誌などの買収も行った。その資金力で前述のクリケットチーム、ロイヤル・チャレンジャーズ・ベンガルールのオーナーにもなった。57歳の誕生日に、寺院に3キロの金レンガを奉納したほか、800万ルピー相当の金メッキのドアも寄付したと報じられている。政治家としてのキャリアもあり、上院議員に2回選出された。

キングフィッシャー航空

そうした繁栄が躓《つまづ》くきっかけになったのが航空ビジネスでの失敗だ。キングフィッシャー航空は、ビジェイ・マリヤが立ち上げた主要なベンチャー事業だった。2005年に創設した航空会社はビールのブランド名をとってキングフィッシャー航空と名付けられた。キングフィッシャー航空はエアバスA380を発注した最初のインドの航空会社となったが、厳しい競争の中で、債務超過となり、閉鎖せざるを得なくなった。従業員に給与を支払えず、航空会社としての運航許可を剥奪され、多額の銀行ローンを負った。会社は一度も黒字化しないまま、2012年に運航免許を取り消され、経営破綻した。マリヤはインド法の下でマネーロンダリングや横領のほか「故意の不履行者」として告発された。

2016年3月、銀行連合は、会社が未払い金を抱えていることを理由に、マリヤの海外渡航を差し止めるようインド最高裁判所に申し入れ、インド外務省は翌月、本人のパスポートを剥奪する決定を行ったが、マリヤはイギリスに逃亡。2017年、ロンドン警視庁に逮捕された。

インドの「ビール王」逮捕は、インドのマネービジネスの危うさを改めて浮き彫りにした。インドでは成功のビジネスが語られる一方で、不良債権の問題が深刻化している。ビールの泡は文字通りバブルのように崩壊するということだったのかもしれない。繁栄しているように見えながらもまだまだ脆さを内包しているインド経済の行方を考えさせられる。

キングフィッシャー航空を経営破綻に追い込んだ航空ビジネスの厳しさとはどこにあるのか。航空ビジネスは、マネーがあれば急速に市場を拡大できる。運航許可を得さえすれば、経験や実績が問われることが比較的少ないベンチャービジネスになっている。鉄道や高速道路のように線路や道路を建設する必要がなく、すでに空に見えない空路というインフラが整っている。空港に使用料を払えば発着が可能となり、マネーがあれば航空機を購入することができる。ビジネスにとって大事なのは、運航安全はもちろんだが、エアラインの認知度とサービスを向上させるための広告であり、それが成否を分ける大きな要素となる。それだけに儲かる路線への参入競争は激しく、広告合戦も熾烈だ。顧客が離脱を始めるとたちまち経営不振に陥る。キングフィッシャー航空はビールブランドの知名度でマネーを投入することにしたのだが、エアラインビジネスの経験値がない経営者によるマネジメントはすぐに限界が露呈することになった。

インドでは、2019年に老舗のジェット・エアウェイズも倒産している。後に再建したが、インド航空業界で前の年まで2位だったが資金不足のため営業できず、全面的に運航を停止した。2003年に就航したエア・デカンはインド初の格安航空だったが、経営に行き詰まり、2007年にキングフィッシャー航空に買収された。キングフィッシャー航空は、国内航空旅客数で最大手になったが、一度も黒字化できないまま前述のとおり運航免許を取り消され破綻した。

国営だったエア・インディアが強かったインドの航空業界は、経済改革が進んだ1993年に民間に開放され、新規参入や就航都市の拡大、空港の新増設などが行われた。しかし、原油高の影響を受けやすいインドではジェット燃料の税金が高い。国内線のチケットは安く価格競争が激しい。空港の施設やサービス人材もまだまだで、飛行機の遅延で燃料を消費する。

航空業界の競争は、大型の国営企業の売却にも及んだ。インドの航空大手エア・インディアは国有だったものを大手財閥のタタ・グループが買収した。そしてアメリカやヨーロッパから470機を購入する過去最大級の取引で合意した。アメリカのホワイトハウスは2023年2月、エア・インディアが米ボーイングの航空機を220機購入することで合意したと発表した。これに先立ちヨーロッパのエアバスもエア・インディアと250機を購入することで合意していて、計

470機という過去最大級の取引となった。日本の航空会社の保有機数は、全日本空輸グループが231機、日本航空グループは220機で、両者を合わせてもタタ・グループ一回の合意の470機に及ばない。エア・インディアは国営の難点として遅延などサービス面に難があると指摘されてきたが、民間企業のタタの傘下になって経営改善を進めている。

栄枯盛衰の航空ビジネスは、インド経済の資金運営で自転車操業を行うビジネスの脆さを示すものとなっている。経営難に陥る航空会社が次々に買収され、買収した航空会社が別の航空会社に買収される。エアライン戦国時代の背景にあるのはマネー中心のインド経済の実態だろう。

インド経済の発展

モディが最初に首相になった2014年からの10年の間にインドの株式市場の

価値は3倍に跳ね上がった。十分な富と投資の意欲を持つインド人の数も急増し、インドはイギリスを抜いて世界第5位の経済大国となった。ほどなく日本とドイツを超えて世界第3位になると予想されている。インドに集まる多国籍企業の数はこれからも増え続け、インド人が新規事業を始める機会もそれに伴ってもっと増えていくだろう。生活水準が向上し消費市場を拡大する。都市が形成され地方の発展を生み出す。世界最大の人口を擁する国の潜在力に火がついたことが、外国からの投資家がインドの消費者市場に惹かれる理由だ。

貧しい農村地域では、モディ政権の福祉プログラムの恩恵で飢え死にすることがなくなった。無料の穀物が配られ、トイレは整備され、ガスシリンダーも無料か低価格で提供された。恩恵の多くは確実で目に見える形で提供され人々の暮らしを変えていった。生活スタイルは変化し、LEDの照明、安価なスマートフォン、無料に近いと思える安価なモバイルデータ、そういった時代の先端をいくツールたちが、旧来の貧しく汚いイメージのインド人の暮らしを変えてきた。

商取引においてはデジタル化が進んだ。これは国民会議派のマンモハン・シン前政権時代に始まったものをモディ政権が引き継いだものだ。生体認証識別システムであるアダールはデジタル化による効率化の成功例となっている。

税金の見直しも行われた。日本の消費税にあたる間接税の州間格差を解消し、公的支出に資金が開放され、法人税率の引き下げにより民間資金の調達が可能になった。2016年11月8日には、モディ首相が突然、すべての高額紙幣を無価値にすると宣言した。犯罪者から「ブラックマネー」を奪うことが目的とされ、当初はあまりにも荒唐無稽な政策で経済活動に深刻な支障をきたした。しかし、これによってインドのキャッシュレス化が一気に進んだ。タンス預金への信頼がなくなり、クレジットカードの利用、銀行口座の開設が進み、そして日本のPayPayのもとになったインド発のQRコード決済のシステムが青果店から雑貨店まで田舎の市場の隅々にまで広がった。

今後のインド経済もおおむね楽観視されている。2023年度の実質GDP

ナレンドラ・モディ首相
Gareth Copley / Getty Images Sport：ゲッティイメージズ提供

（国内総生産）の成長率は8・2％だったとインド政府は発表した。製造業などが好調で予測を大きく上回った。実体経済が伴っていないとして、この数字より低く見積もる向きもあるが、どんなに低く見積もっても5％以上はある。日本をはじめとする西側各国が先進国病に悩む中、経済好調なアメリカを優に越えており、減速を続ける中国経済に抜かれることは当面ないだろうというのが大方の見方だ。

しかしその一方で格差は拡大し、経済的利益は不平等に広がった。インドの成長の大部分は、巨大で厳しく管理された企業と、高所得者の頂点に立つ一部の人々の動向に左右されている。世界不平等研究所によると、インド人の上位1％が年間国民所得の約23％、国富の約40％を占めているという。経済規模が世界第3位になったとしても貧しい国であることに変わりはなく、国民1人あたりの所得ではまだ世界143位だ。海外でより良い収入を得ようと騙されて、ウクライナ危機ではロシアの傭兵として戦ったインド人もいる。

インド経済の内実を見ると、著しい格差と不平等が広がっている。インド人のほとんどは田舎に住んでおり栄養失調の人たちも多い。その一方で、高級品の売り上げは新型コロナウイルス感染症の拡大以降、急増した。雇用も実は厳しい状態が続いている。失業率も高止まりが続いている。生産年齢人口の増加に雇用創出が追いついていない。1人当たりGDPは2000ドルを超えたが、国民の4割超が世界銀行の貧困ライン以下で暮らす。統計に上がってこないインフォーマルセクターの「隠れた失業」はさらに多い。

モディ経済の過去10年間でインドは確かに成長した。注意しなければならないのは、実はその前の10年間も成長を続けてきているということだ。モディの前任で経済学者マンモハン・シンの首相在任期間中にも今と同じ高成長を続けてきている。ところが、その成長をもたらしたのが誰なのか。インドは今その成功の理由をモディという政治家一人に集約しようとしている。

インドの経済成功物語は、トップのモディ首相のメディア政治家としての印象で楽観的な好イメージが増幅している。モディ政治の特徴は、ショーマンシップを武器に権力を行使してきたことだ。政治家は元来、ショーマンである。自らの政策を説得力のあるあらゆる手段を使って訴え、政権を維持し国民の合意形成を図っていくものだ。それゆえショーマンであることの是非は、公約が実現されたかや有権者の満足度を増したのかという結果から歴史が評価することになる。

ベンガルール市内では、医療施設のビルの道路に面した1階に貼られたモディ首相のポスターの上に、本人の目を隠すような形で新聞紙が貼られていたのを見かけた。明らかにモディ首相に対する不満を表すものだった。しかしそうしたモディへの反発運動や市民の抗議の意思表示を見ることは珍しい。農業政策に対する抗議デモなどはあっても批判の矛先がモディ個人の資質に向けられることは少ない。モディ首相の顔はバスの待合所から道路脇の広告まで、街中で目にすることができる。そしてモディの顔は国内だけでなく、外交的にも広く拡散した。2023年9月のG20サミットで、彼は新興経済を代表して前向きな発展の道筋を示す象徴として自らを演出した。モディは国家権力を利用して経済改革を実行してきた。交通や輸送のインフラが寸断されている問題を解決するために、大胆な国土強靭化を打ち出してきた。国土改造は人々に安堵感を与え、今も変化を続けている。

一方で、インド経済の歪みが見られたのは、政府との結びつきが強い少数の企業家への富の集中である。ゴータム・アダニはインド企業の富の集中とリスクをわかりやすい例として示した。アダニは、2022年にイーロン・マスクに次ぐ世界で2番目に裕福な人物として突然リストに登場したインドの大富豪だ。それまで彼の名前を知る人はほとんどいなかったが、アダニ・グループは事実上の政府の物流部門となり、港や高速道路、橋や太陽光発電施設をそれまでになかったスピードで建設した。しかしアダニは詐欺容疑で告発され、グループの時価総額は一時1500億ドル減少した。その後、容疑を否定したアダニは失った金の大半を取り戻したが、少数のトップ層が巨大な影響力を蓄えられるというモディ政権のリスクを示す形となった。

2014年からのモディの10年は、インドを「経済大国」への軌道に乗せることにとりあえずは成功した期間であった。モディの言葉通りの「よき時代」だったのかもしれない。しかしその「経済大国」が何を意味するかは、これから決まることになる。GDPを押しあげればよいのか、日本やドイツを抜けば成功と言えるのか、国民の多くが貧しくあり続ける国が経済大国と呼べるのか。インドが辿る道筋はさらに深く大局的に見ていかなければならない。

インド政治の弱点

ベンガルールを歩くと、繁栄の中で栄枯盛衰のうねりが続いているインドの経済の素顔の姿をみることができる。そしてこの町は、経済だけではなく、インドの政治の縮図としての性格も持っている。

メトロや高速道路の起点となっているベンガルール中心部にはカルナータカ州議会の建物がある。戦後ネルーが建てたものだ。夜間のライトアップが美しく地元の住民が夕涼みに訪れる観光名所にもなっている。南インドに特徴的なドラビダ建築ではなく西洋風にも見える建物だ。建設当時の地元政府の権限は強くなく、中央政府の意向によって建てられたのであろう。建物の中央一番高いところには、アショーカピラーがあり、その下にカルナータカ州の象徴である2頭のライオンが組み込まれた紋章がある。

建物の両脇には、インド建国の立役者となった二人の人物、ネルーとアンベドカルの銅像が建てられている。ネルーは独立したインドに近代化の礎を築いた人物で、イスラム教徒との共存という非宗教の枠組みを作った。そしてアンベドカルはインド憲法の起草者の代表であり、同時に貧しい人たちの立場に立って政治を進めた。二人とも、インド全体の骨格となる理念を唱え、実行した人物だ。

ところが、最近になって両脇のこの二人に挟まれる形で中央の一番目立つ場所に二人の人物の馬に乗った銅像が加えられた。いずれも、カルナータカ州の地域のヒーローだ。なぜ彼らが改めてその価値を見直されることになったのか。この辺にインドの今の変化を見る手がかりがあるように感じた。地元のアイデンティティーを確認して新しいインドを作っていこうということなのだろう。もともとこの地域にあった伝統的な権威の再評価だ。マイソール王国であったり、様々な地元の勢力、地元の文化であったりする。そういったものを足元から見つめ直し自画像を探そうとするインドがある。

2024年の総選挙はインド人民党の圧勝が予想されていた。経済好調なインドを牽引したモディ首相に3期目を託すことに反対する勢力がいないと思われていたからだ。大半の世論調査や新聞の論調が安定政権の継続を予想していた。ところが大番狂わせが起きた。インド人民党は地方政党と連立でかろうじて過半数は維持したものの、単独では議席数を大きく後退させることになった。

インド人民党政権の弱点はどこにあったのか。正直なところ、選挙結果が示すほど大きく後退することは予想できなかったのだが、このままインド人民党が勢力を伸ばしつづけることはないのではないかと感じていた。友人のインド政治の専門家も同様の意見だった。インドの未来の政治の姿はどのように変わっていくのか。その手がかりはカルナータカで感じとれるような気がした。総選挙での圧倒的な優勢が伝えられる中で、インド人民党はカルナータカの地方選挙で惜敗を喫していたからだ。これは一つの地方州の小さな選挙ではあるかもしれないが、筆者にとっては特筆すべき「事件」であった。カルナータカでは総選挙の結果もインド人民党は大きく後退することになった。何が起きていたのかを詳しくみていくと、インド人民党が盤石に見えたインドの将来の政治の盲点を知る上で忘れてはならないポイントが浮かび上がってきた。カルナータカの政治情勢はインド人民党政権の地方と中央との関係という意味で注目に値する。カルナータカ州はインド人民党の南インド唯一の政権州だったため、地方議会選とはいえカルナータカ州での敗北はインド人民党のアキレス腱を示すものだ。インド人民党としては早めに手を打っておかないと同じ構造を持った権力基盤の脆さが全国に拡大する恐れがある。

インド人民党の弱点は①地方政党の潜在力、②イスラム教徒の扱い、③農民の反乱だ。勢いを失っていたかに見えた国民会議派の勝利という予想外の展開は、このインドの政権の知られざる脆さを図らずも示すこととなった。

インド人民党は、前回の2019年の総選挙後、当時の州連立与党だった国民会議派とジャナタ・ダル党（世俗派）JD—Sの議員17人を取り込んで辞任させ、信任投票に持ち込むという強引な手法で州政権を奪取した。しかし、2023年5月のカルナータカ州の議会選（定数224議席）では、最大野党・国民会議派勢力が単独過半数の136議席を獲得し、モディ首相率いる与党・インド人民党から州政権を奪回した。インド人民党は38も議席を減らし州議会議長と州閣僚12人が落選した。

インドの選挙は単純小選挙区制なのでわずかな得票の差が大きく議席の差につながる。国民会議派の得票率は約43％、インド人民党は36％で、７％の差が２倍を超える議席数の差として現れた。インド人民党一色のインド政治の流れに逆行する目立った動きであるとともに死票が多いインド式民主主義の怖さも改めて示された。これは後述する国政とまったく同じ構造だ。第３の勢力となる地方政党がキャスティングボートを握りながら、あちらについたりこちらについたりと不安定さを加速する。地方政党は、その時々のインフレ等の経済状況、派閥争い、全国政党との政治的な駆け引きなど、その場限りの場当たり的な対応をとることも多く安定しない。これも国政と同じで、カルナータカ州では長く再選を果たした州政権がない。

この選挙でも、州南部ではインド人民党と地域政党の候補者が共倒れとなるケースが多かった。これに対して貧困層の保護やイスラム教徒に融和的な政策をとった国民会議派は元州首相が農業や水問題、雇用などの生活に身近な問題を解決すると訴え、地元の人々の支持を広げた。国民会議派中央のマリカルジュン・カルゲ総裁もカルナータカ州出身のダリット（最下層の被差別民）で、現地入りし積極的にテコ入れをした。

インド人民党敗北の2つ目の要因として指摘できるのがイスラム教徒の扱いである。カルナータカ州政権は、2022年に州立学校などでの女子学生のヒジャブ（スカーフ）禁止措置を容認した。2023年4月にはイスラム教徒に割り当てた公務員・公立学校入学などでの留保枠を廃止するなどイスラム教徒に対して厳しい政策が続いた。ヒンドゥー・ナショナリズムを推進するインド人民党の中央の意向を汲んだものだといえるだろう。イスラム教徒側の反発もあったものと見られる。

中央政治でもインド人民党は、イスラム教徒を差別する改正国籍法を施行、イスラム教徒が多く住むカシミール地方の特権を廃止し連邦直轄地に併合するなど、イスラム教徒の反発を生む政策を相次いで打ち出していた。

一方でヒンドゥー教徒の方の票を固められたのかというと、この時やはりインド独特の地方政治の派閥争いが亀裂を広げることになった。インド人民党はモディ首相が現地入りして候補者を応援したが、地元に密着した政策で有権者の心を掴むことができなかった。

ヒンドゥー教徒の中には、シヴァ神をあつく信仰する「リンガヤット」と呼ばれるコミュニティがある。カルナータカ州ではリンガヤットが人口の20％弱を占めるといわれる。筆者はその「総大将」に直接会ったことがある。リンガヤットの指導者で州首相を務めていたB・S・イエデュラッパだ。

世界経済フォーラムのインド大会でインタビューを申し込み、直接会う機会があった。非常に気難しい人だった。お付きの人が機嫌を伺いながら、インタビューは英語では行えない、事前に質問項目を提出せよと様々な注文をつけてきた。実際に会ってみると愛想笑いの一つもない。見知らぬ日本のジャーナリストを警戒したのか、とにかく扱いが難しい人だった。それでも権力の座に居続けられるのは、やはり州内での権力基盤が相当強固なのだろうと想像した。ところがそのイエデュラッパを、インド人民党は、77歳の高齢を理由に辞任に追い込んだ。地方の実力者の影響力を甘く見たインド人民党は、ヒンドゥー教徒の強硬派の反発を集める形となり痛い敗北を経験することになった。

インド人民党は若者や都市中間層に支持者が多い。カルナータカ州では、州都ベンガルールを除くと、農村地帯の州北部や南部で農民の支持を集めることもできなかった。廃案に追い込まれた新農業法などインド人民党の農業政策に対する農民の不満が高まっていた。この構造も他の州にもあてはまることが多い。

民主主義のDNA

2024年の総選挙は、与党インド人民党の獲得議席が240議席と過半数（272議席）を大きく割り込んだ。インド人民党を含む与党連合の国民民主同盟（ＮＤＡ）としての議席も２９３となり、大きく議席数を後退させた。野党連合は国民会議派や地域政党が勢力を回復し２３４議席を獲得した。

選挙の結果を総括するとすれば、「民主主義のＤＮＡが機能しインドがヒンドゥー教の国にはならなかった」ということだ。長年の歴史で培われてきた民主主義というシステムが生きていて、行き過ぎた動きに歯止めをかけるバランサーとして機能した。

インド人民党はモディの時代に負け知らずの戦いを続けてきた。モディが２００１年に西部グジャラート州の州首相に就任し、２００２年の州議会選挙から３回連続で勝利しインド人民党は州議会の単独過半数となった。グジャラートの繁栄をインド全土にと訴えた２０１４年の総選挙でインド人民党は党史上最多の２８２議席を獲得。モディ政権の続投を賭けた２０１９年の総選挙ではインド人民党だけで３０３議席を獲得する圧勝となった。２０２４年もモディは総選挙直前にインド人民党だけで３７０議席を獲得し与党連合で４００議席を獲得すると目標を掲げた。世論調査や出口調査の多くがインド人民党の圧勝を予測していた。

しかし勝利を祝うはずのインド人民党の集会場に集まった党関係者の表情は暗かった。党の繁栄に掛け声をあげるいつものシュプレヒコールも反応が薄い。なぜ人民党は議席数を後退させることになったのか。強権的とも取られる権力の集中に対する警戒感が広まったのかもしれない。総選挙の投票直前には、野党有力指導者が汚職の疑いなどで逮捕されて長期間拘禁され、政権に批判的なメディアへの圧力も強まっていた。イスラム教徒など宗教的少数派に対する暴力が放置され、ヒンドゥー至上主義の色彩が強まりすぎていたことに有権者が反応したのかもしれない。

モディ政権の10年間にヒンドゥー至上主義は加速した。特に問題となったのはイスラム教徒の移民を排除した2019年の市民権法改正だ。これは宗教的な帰属を国籍の要件とするもので、他宗教との共存を前提とする世俗主義の伝統の中で生きてきたインドのイスラム教徒にとっては受け入れ難い法律だった。インドにはイスラム教徒の大きな政党がない。このため特定政党の議席数の変化でイスラム教徒の動向を直接見ることができない。イスラム教徒の有権者の意識が見えにくいのがインドの政治の特徴だ。議席数80と最大議席数を持つウッタル・プラデーシュ州ではインド人民党が大きく後退したのに対し、イスラム政党ではないがイスラム教徒を支持層に持つ地域政党が勢力を回復する形となった。同様にイスラム教徒の支持が多い西ベンガルの地域政党も議席数を大きく伸ばした。

ただ発展途上社会研究センター（ＣＳＤＳ）によると、インド人民党の全国での得票率の低下は前回とくらべて１％以下の低下に留まっていて、実は大きなインド人民党離れが起きたとは決して言えない。議席獲得には至らなかったもののモディが繰り返し遊説に訪れた南部タミルナドゥ州などではインド人民党は得票率を伸ばしさえしている。モディ人気は衰えていなかったのだ。インド政治の中で３期連続で同じ人物が首相を務めるのは初代首相のジャワハルラール・ネルー以来の快挙である。ＣＳＤＳの調査では、前回から６％低下したものの依然として投票者の59％がモディ政権に満足していると回答している。

インドの総選挙は小選挙区制の微妙なバランスが大きな議席数の変化となって現れる仕組みの上に成り立っている。多くの先進国で見られるような二大政党制の駆け引きの力のバランスに加えて、インドの場合、二大政党のいずれにも属さない地域政党の動向が多数派を決める際のキャスティングボートの働きをする。さらにこの地域政党内に派閥争いがあり、二大政党のいずれと連合を組むのかがその時々の情勢に応じて揺らぐ。イデオロギーや政策論争といった普遍的で客観的な価値基準で仲間が決まるのではなく、ちょっとした力関係の変化で大きな雪崩現象が起きやすい構造となっている。もともと小選挙区制なので「死票」つまり有権者の意向が反映されずに終わってしまう票が多い。大きな議席数の変化として現れた選挙結果であっても、実は有権者が投票行動を決める様々な要素がまだらの模様の見え方を変化させたに過ぎないこともある。

インド人民党が後退したように見えたのは、前回の２０１９年の選挙で勝ちすぎたからという見方もできる。インド人民党は核実験を強行するなど「強いインド」を訴え、国威発揚の熱狂で力を伸ばしてきた。前回の総選挙の直前の2019年2月26日には、バーラーコート空爆があった。イスラム過激派の拠点を破壊するためにインド空軍がパキスタン領内で行ったもので、パキスタンに対する越境空爆は1971年の第三次印パ戦争以来48年ぶりのものであった。

ジャンムー・カシミール州プルワマ県の国道を走行していた治安部隊のバスに爆弾を積んだ乗用車が突っ込む自爆テロが発生し、イスラム過激派組織であるジャイシュ＝エ＝ムハンマドが犯行声明を出した。パキスタンは事件に対する一切の関与を否定したが、インドの空軍がプルワマ襲撃事件に対する報復として空爆を実施した。これに対しパキスタン空軍は自軍機がインド空軍機を撃墜してパイロットの身柄を確保したと発表した。総選挙はこうした両国の緊張の空気の中で行われていた。

野党の大幅な議席増については、国民会議派と地域政党との選挙協力がようやく機能したという点を指摘できる。国民会議派は政権を担っていた時代に地域政党に対して高飛車な態度をとることがあり、インド人民党が地域勢力を取り込む中で、国民会議派は中央だけが孤立するということを繰り返してきたが、2024年の総選挙で国民会議派は大票田で野党の選挙協力を巧みに進め議席増に確実につなげることに成功した。モディ政権の実績にひととおり満足はする有権者が多い中でも、長期政権に対する飽きや失望の意向をすくいあげ、勢力拮抗のバランスをとらせようとする感覚が働いた。

自分たちの暮らしを守りたいという意識は特に農業で顕著に現れた。背景には農業改革3法をめぐる事情がある。農業自由化を骨子とする3法に農民は農産物の最低価格保証の撤廃を招くとして強く反発し、法案が成立すると直後から農民による大規模な抗議運動が続いた。与党側は最終的に法律を撤回し、農民は最低価格保証の制度化を求める運動を再開した。農民による激しい抗議が続いたパンジャブ州でインド人民党は全議席を失っている。

「民主主義のDNAが機能しインドがヒンドゥー教の国にはならなかった」という結果は、同時に民主主義の弱さと共存しなければならないということも意味する。10年ぶりに中心政党が過半数に達しない事態となったため、常にインド人民党を圧勝に導いてきたモディ首相は連立政権運営というはじめての試練に臨むことになった。与党連合の中で大きな議席を占めるテルグ・デサム党とジャナタ・ダル（統一派）が同時に離反すると、過半数を維持できなくなり崩壊する。また再びの寄り合い所帯ということになった。

インドでは、連立を組む党に抜けられ政権を維持できなくなるということは過去にもあった。核実験強行で勢いをつけたインド人民党はかつてタミルナドゥの地域政党の離脱で政権を維持できなくなった苦い経験がある。野党側は首相ポストをちらつかせてインド人民党の友党の切り崩しや取り込みを図ることもできなくはない。それゆえにインド人民党と友党との絆の深さが政権安定の鍵となる。インド人民党内部の派閥争いや離反、少数政党、独立候補との結束も以前にも増して十分に警戒しなければならない要素となった。

党外勢力との連携協力が必要になったとはいえ、ヒンドゥー教重視の姿勢は続くだろう。ヒンドゥー至上主義を後退させるとインド人民党の母体である民族義勇団が黙ってはいないからだ。このためインド人民党内の基盤固めが最優先される。インド人民党は公約として、ヒンドゥー教徒とイスラム教徒とで別々に存在する民法について、統一民法典の制定を掲げてきた。政権が不安定になると、宗教感情をあおって大規模な宗教暴力が起きたり、「強いインド」に訴えてパキスタンなど周辺国との緊張が高まったりする懸念もある。

一方でモディは、インドがヒンドゥー至上主義国家と見られることの怖さを知っているはずだ。モディの関与が疑惑となった2002年のグジャラート州のイスラム教徒虐殺事件では、モディがアメリカから入国拒否の措置を取られた。中国に対抗する上でもインドは宗教の自由を保障する民主主義陣営であらねばならない。国内政治の混乱は投資環境にも悪影響を与えかねない。

「民主主義のDNAが機能しインドがヒンドゥー教の国にはならなかった」ことは、建国の父ガンディーや初代首相ネルーが目指した理想像への回帰を保障するものではない。インドが多様性を重んじるが故に不安定さを甘受する昔の姿に戻るのか、それとも今までとは異なる形でモディ革命を受けた新たなインドの自画像を模索することになるのか、目が離せない状況となっている。

ベンガルールというインドを内側から知るための小さな窓から見えたのは、変わるインドと変わらないインドの接点で化学反応の激しい火花を散らしながら今日も前に向かって進んでいる21世紀のインドの縮図だ。「貧困」は「格差」という言葉に姿を変え、急速な経済発展は、マネーゲームの物語を繰り広げながら国土のあり様と国民の意識を大きく塗り替えている。5年に一度の総選挙では、宗教や文化の違い、地方と中央の対立を包摂《ほうせつ》する装置として民主主義が機能し、インドを語る「多様性の中の統一」という常套句《じょうとうく》に新たな意味を付け加えていた。

次章からは、この「底が知れないインド」を、関係国とのつながりを軸に、歴史、人材、宗教、軍事、文化などの要素に因数分解して外側から見ていこうと思う。

第2章

イギリスと「歴史力」を比較する

インド系のフレディ・マーキュリー

イギリスのロックバンド、「クイーン」のリード・ボーカルのフレディ・マーキュリーは、シンガーソングライター、音楽プロデューサーで『ボヘミアン・ラプソディ』や『伝説のチャンピオン』などのヒット曲を作詞作曲した、ポピュラー・ミュージックの歴史の中でもっとも偉大なシンガーの一人だ。

フレディは、イギリスの保護国だった今のタンザニアにあるザンジバル島で生まれた。両親はインド生まれのゾロアスター教徒で、植民地政府事務所で会計係として働くためザンジバルへの移民となった。ムンバイ近郊の寄宿学校に通っていた頃に「フレディ」と名乗るようになったという。フレディはインドで幼少期の大半を過ごし、8歳でムンバイ郊外の全寮制の英国式寄宿学校に通い、この頃から複数のロックバンドで活動した。ボリウッド歌手のラタ・マンゲシュカルがフレディに影響を与えたといわれている。ラタ・マンゲシュカルは裏声と3オクタープの唱法で知られるプレイバック・シンガー（吹き替え専門の歌手）で、70年以上のキャリアの間に4万曲以上を吹き込み、インドのナイチンゲールと呼ばれた。インドで最も高い一般人の賞である「バーラト・ラトナ賞」を受賞している。

フレディは、1963年にザンジバルに戻って家族と一緒に暮らし始めた。ザンジバルは、アフリカ大陸東岸、インド洋上のザンジバル諸島最大の島で、タンザニア連合共和国に属する。南北80キロ、東西30キロ。10世紀頃からアフリカ大陸内陸との交易基地として繁栄した。特に奴隷の積出港として有名で、ザンジバルの地名はアラビア語で「黒人奴隷の町」を意味する。アラブに支配された島の歴史を反映して、アラブ風の狭く曲がりくねった道路や奴隷市場の跡がある。現在は島の周囲の砂浜と珊瑚礁によってリゾート地としても知られるが、ザンジバルもインドと同様イギリスの支配を受けた。1890年にザンジバルを保護領としたイギリスは、住民をアラブ人、インド人、アフリカ人に分類し、官吏にアラブ人を、商業、金融業にインド人を、肉体労働にアフリカ人を割り当てる分割統治策を実行した。保護領時代は1963年まで続いた。翌年にはザンジバル革命が起こり、アラブ人とインド人の多数の死傷者が出た。当時17歳のフレディとその家族は、安全上の理由でザンジバルから逃れイングランドに移り住んだ。

クイーンの名曲に、『ボヘミアン・ラプソディ』がある。ボヘミアンというのはロマのことだ。北インド起源の移動型民族で、放浪者として知られ、かつてはジプシーとも呼ばれた。芸術家や作家などで、伝統や習慣にこだわらない自由奔放な生活をしている者のことをボヘミアン・アーティストと呼ぶ。フレディ・マーキュリーの音楽や言葉もボヘミアンの血を引くのかもしれない。

世界各地にはインド系の人々が多い。インドは世界最大の移民送り出し国で、国連の2020年時点の統計で約1787万人。インド外務省によると移民2世・3世を含むインド系住民は世界に3210万人いる。世界に点在するインド系の人には、インド系移民＝PIO（People of Indian Origin）と在外インド人

＝ＮＲＩ（Non-Resident Indians）がいる。インド系移民（ＰＩＯ）は非インド国籍になった者とその子孫で、在外インド人（ＮＲＩ）はインド国籍を保持・取得している国外居住者だ。日本語ではこの両方を含む意味合いで「印僑」と呼ばれる。奴隷禁止を受けた労働力としての移民、プランテーションの作業を担ったインド人、中東の工事現場での肉体労働者、高度人材受け入れ後のアメリカの技術者など、インドを離れた時代に応じて各地で特徴のあるインド系コミュニティーを形成している。移民先はアメリカが多く、アラブ首長国連邦やサウジアラビアなどの中東、マレーシアやミャンマーなどの東南アジア、そして旧宗主国のイギリスや英連邦のカナダなどにも多い。

移民を知ることは歴史を知ることに他ならない。インドの「歴史力」とイギリスの「歴史力」のどちらに軍配が上がるのか、考えてみたい。

イギリスの前首相リシ・スナク

イギリスの保守党党首で第79代首相（在任：２０２２年10月25日―２０２４年7月5日）を務めたリシ・スナク（Rishi Sunak　１９８０年5月12日―）は、ヒンドゥー教徒である。イギリス史上初のインド系首相となった。スナクはサウサンプトンで、独立前のケニア生まれの総合診療医の父と、今のタンザニア生まれの薬剤師の母の長男として生まれた。父方の祖父は１９３５年にインドとの分離独立前のパキスタンからナイロビに移住し、母方の祖父はパンジャブで育ちエンジニアとしてタンザニアに移住した。スナクの両親はイギリスに移住しそこで結婚した。スナクはオックスフォード大学卒業後、ゴールドマン・サックスで勤務した。フルブライト奨学生としてカリフォルニアのスタンフォード大学在学中に、後に妻となるアクシャタ・ムルティと出会った。義理の父はインド大手のIT企業、インフォシスの創業者N・R・ナラヤナ・ムルティである。スナクとム

イギリス首相を務めたヒンドゥー教徒のリシ・スナク
Jeff J Mitchell / Getty Images News：ゲッティイメージズ提供

ルティの夫妻は総資産が7億ポンドを上回る富豪で、インフォシス株で多額の配当金を得ていた。

スナクはイギリスの政治家として革新的な人物である。2015年の総選挙でリッチモンドの下院議員に選出され、2016年のEU（欧州連合）脱退を問う国民投票ではブレグジットを支持。2018年の内閣改造でテリーザ・メイの第2次政権の地方政府担当国務次官に任命された。メイが辞任した後、スナクはボリス・ジョンソンの選挙運動を支援し、ジョンソンが首相に就任するとジョンソン内閣の財務省首席秘書官となり、内閣改造で財務大臣に就任した。

財務大臣の任期中には、新型コロナウイルス感染症拡大の対策に奔走した。〝Eat Out to Help Out〟など大流行に対応する財政措置に指導力を発揮し雇用維持に努めた。しかしジョンソン首相との経済政策の違いを理由に財務大臣を辞任。スナクの辞任は、ジョンソン首相が辞任に追い込まれる契機になった。

ジョンソンの後任を決める保守党党首選挙に立候補したスナクは、リズ・トラスに敗れたものの、経済政策の失敗でトラスが辞任した。エリザベス女王が生前最後の公務として任命したトラス首相は大型減税を柱とする財政政策を打ち出したが、株安・債券安・ポンド安のトリプル安を招き、金融に精通していたスナクが、2022年10月25日にチャールズ3世国王から首相に任命された。就任時の年齢が42歳5か月でイギリスでは20世紀以降、最も若年の首相である。イギリス史上で初の非白人・アジア系、ヒンドゥー教徒の首相が生まれた。

ヒンドゥー教徒のスナクは、寺院に参り、酒を飲まず、牛肉を食べない。しかし、2023年5月6日、ウェストミンスター寺院で行われた国王チャールズ3世と王妃カミラの戴冠式では、イギリス首相として聖書の一節を朗読した。

クリケットの熱烈なファンとして知られ、子供の頃にクリケットチームの主将を務めた。出身大学のオックスフォード大学はケンブリッジ大学との間で毎年開催されているクリケット定期戦が有名だ。政治家となったあともプレーすることがあり、2022年11月にナショナルチームによるクリケットの世界選手権であるT20ワールドカップで優勝したイングランド代表とダウニング街10番地の公邸の庭でクリケットをプレーしている。フォーマルなシャツの袖をまくり上げ、バッティングとボウリングの双方をプレーしてみせた。インド代表チームの監督をした伝説的な選手であるラーフル・ドラヴィドのファンだという。

インドに接近するイギリス政府

スナクの外交課題の一つはインドとの連携強化だった。2023年にニューデリーで行われたG20サミットでモディ首相と会談したスナクは、インドとの自由貿易協定（FTA）締結には困難な作業があると慎重な見方を示した。「両国とも貿易協定の成功を望んでいるが、両国にとってウィンウィンになる必要がある」と記者団に述べた。貿易協定に向けた交渉は2022年に始まったがなかなか進まない。その理由はどこにあるのか。

イギリス政府はオーストラリアなど英連邦の加盟国との関係を強め、加盟国間の貿易障壁の削減やインフラ整備などを進めて、経済圏としての規模の利益を達成したい。ＥＵからの離脱で、経済のＥＵ依存をほかの枠組みに移そうとしていたのだ。アジアやアフリカをまたぐ英連邦ネットワークは新興国の成長を取り込む格好の外交・貿易の枠組みだ。ところが英連邦は一枚岩ではない。加盟国によって姿勢が異なりイギリスの思惑通りには進まない。アフリカ諸国はＥＵ離脱を機にイギリスがアフリカに再び目を向けると期待する。しかしやはり伸び代が大きいのはアジア太平洋地域との読みもある。一方でニュージーランドに対しては農畜産物の関税障壁が高くなったことへの不満もあった。様々な思惑が交錯する中でイギリスに対して複雑な思いを持つ旧植民地の国々も少なくない。

イギリスと旧植民地など56か国でつくる英連邦は、２０１８年に首脳会議をロンドンで開き、インドのモディ首相のほか、カナダのトルドー首相、豪州のターンブル首相、ニュージーランドやシンガポール、南アフリカなどの首相や大統領

40人以上が参加した。英連邦内の貿易の強化、教育インフラや女性権利向上、サイバー対策、防衛など加盟国間の協力を話しあった。このときはまだエリザベス女王がいて、連邦をまとめあげる象徴的な存在が健在だった。しかし英連邦の求心力は次第に衰えている。

そのイギリスは中国にも接近している。2015年11月、イギリスのキャメロン首相はロンドンでモディ首相と会談し、投資誘致や貿易・金融協力の促進で合意した。イギリスはこの直前の10月には訪英した中国の習近平国家主席を厚くもてなしていた。中国とインドが新興国としてめきめきと力をつけてくる中で、相次いで両首脳をイギリスに招き、双方から実利を引き出そうという外交巧者のイギリスの立場はわかりやすいものだった。習主席はバッキンガム宮殿に連泊し、モディ首相はエリザベス女王との昼食会に出席した。金融街シティーなどイギリスにはインド系住民が多く、モディ首相はインド系イギリス人を前にインドとイギリスの連携の必要性を演説した。

このインド首相のイギリス公式訪問は、2006年のマンモハン・シン前首相以来9年ぶりのことで、この間に旧宗主国と旧植民地との力関係は逆転していた。モディ首相は、安保協力や原子力協定でまったく対等の立場から交渉に臨んだ。2008年にインドのタタ自動車はイギリスの高級車ブランド、ジャガー・ランドローバーを買収している。イギリスへのインド資本による直接投資も増加していた。

増えるインド系議員

2024年7月のイギリス総選挙は、労働党が単独過半数に達し、14年ぶりの政権交代となった。惨敗した保守党は、現職閣僚や元首相ら有力議員の落選が相次いだ。

保守党は、キャメロン政権のもとで2016年にブレグジットの是非を問う国民投票を実施。2017年メイ首相のもと行われた総選挙では、保守党は単独過半数を失い、その後もブレグジットをめぐり、党首不信任の動議が相次ぐなど保守党内の混乱を経て、2019年にブレグジット達成を約束したジョンソンの保守党が選挙に圧勝した。しかしその後、新型コロナウイルスのパンデミックが始まると、ロックダウン期間中に首相官邸などでパーティーが繰り返し開かれていたことが発覚してジョンソンは辞任、後任のトラスは減税計画が英ポンド急落など市場に混乱をもたらしイギリス史上最短の在任期間50日で辞任した。そのトラスの後任となったのがスナクだったが、信頼回復と経済再建を果たせず、保守党のごたごたと景気後退で党としては選挙に敗れることになった。

スナクは官邸の前で国民と保守党に謝罪。「イギリスの政府は変わらなくてはならないと、皆さんは明確に意思表示しました。私はこの敗北の責任をとります」と述べ、首相を辞任した。モディは退任したスナクに、インドと英国の関係強化に対するリーダーシップと貢献への感謝の意を表した。モディはSNSのX

に「インドとイギリスとの関係強化に向けた積極的な貢献に感謝する」と投稿した。

このイギリスの総選挙はインド目線で見ると面白い。インド系のスナク首相は退任したがインド派の議員は大躍進している。スナク自身もイングランド北部ヨークシャーのリッチモンドおよびノースアラトン選挙区で、次点の労働党候補に大差で再選を果たし保守党党首の座に留まった。選挙には107人の英印派候補者が立候補し26人が勝利した。労働党の圧勝でインド系の国会議員の数は前保守党政権の15人から11人増加し、英印派議員としては過去最多となった。

イスラム教徒のロンドン市長

スナクは、両親の支えを受けて名門の英オックスフォード大を卒業。投資会社の経営にも携わるなど金融界で成功を収めたエリートだ。それとは対照的な南アジアの政治家がロンドン市長のサディク・カーン（Sadiq Aman Khan　1970年10月8日—）だ。父はバスの運転手で低所得者向けの公営住宅で育った。

カーンはスナクの保守党と対立する労働党の政治家で、EU加盟国の首都の市長に当選した初のイスラム教徒である。カーンは、ロンドン南部で労働者階級のスンニ派イスラム教徒の家庭に生まれた。祖父母家族は1947年のインド・パキスタンの分離独立の際に、現在のインドのラクナウからパキスタンに移住した。パキスタン出身と紹介されることが多いが元をたどれば今のインドにルーツがある。両親がパキスタンからロンドンに移り住み、そこで生まれたカーンは、ノース・ロンドン大学で法学の学位を取得した。人権派弁護士として働き、2005年の総選挙で下院議員に当選、国政に進出した。2016年のロンドン市長選で勝利。2021年のロンドン市長選挙で再選され、3選を決めた2024年5月のロンドン市長選は、保守党から労働党への政治の流れを象徴するものとなった。

イギリス最大の移民コミュニティーはインド系でイギリス社会への影響力を増

ロンドン市長サディク・カーン
Nicola Tree / Getty Images News：ゲッティイメージズ提供

している。イギリスの総人口のうち40人に1人はインド系で、イギリスの高等教育を受け高収入を得る優秀な人材が次々と生まれ、イギリスの政治や社会に与える影響力を拡大させている。

ジョンソン政権では、首相、財務相、外相、内相の四つの重要閣僚ポストをインド系が占めていた。ジョンソン辞任のきっかけとなったのはスナクの財務相辞任だったし、トラス辞任もインド系の内相がトラスを批判し辞任したことが引き金となったとされる。

イギリスではインド系のトップ企業家も多い。インド系は上流層に広がっており、中道左派の労働党だけでなく中道右派の保守党の支持者も増えている。イスラム教徒やシク教徒に労働党支持、ヒンドゥー教徒とキリスト教徒に保守党支持者が多いといわれる。

インドのサッチャー

インドのモディ首相は保守党のマーガレット・サッチャー元首相にたとえられることがある。民営化で停滞した国を変えようとしたところが似ている。サッチャー元首相は国営企業の民営化などで内外の保守派に影響を与えた。サッチャー元首相が死去した翌年にモディ政権は生まれた。

モディの経済改革は、社会主義的な国民会議派政権路線との決別にある。結果の平等よりも機会の平等を重視し、失業手当や助成金ではなく、インフラ建設で雇用を確保して貧困を緩和する。モディノミクスとサッチャリズムを簡単に比較にできないが、似ているところがある。サッチャーと同様にモディも従来の政治を大きなメスを入れる政界の異端児、ワンマン政治だと批判する反対派を無視して突き進む強いリーダーだ。

外貨が底をつき大きな危機を乗り切るため、大胆な経済開放に乗り出した19

90年代初頭のインドの自由主義改革は、その後勢いを失った。改革を乗り切ったマンモハン・シン財務大臣が経済学者としての力量を買われて首相に就任したが、国民会議派のソニア・ガンディー総裁との路線対立で方向性を失ったからだ。汚職とインフレの古いインド政治へと逆戻りすることになり、インドは再び停滞するのかと思われた。その時に現れたのがモディであった。

二人の首相の政治は、当時の背景も手法も時代も異なっているので単純な比較の対象になるものではない。ただイギリスの近現代史を代表する政治家の一人と、インドの政治家が並び称せられるようなことはこれまであまりなかったと思う。

イギリス王室とダイヤモンド

英国のエリザベス2世女王が2022年9月8日、死去した。96歳だった。イギリス史上最長の70年にわたり君主として在位したエリザベス女王は、アフリカとアジアの脱植民地化や英連邦の発展などに貢献したとされる。生前、エリザベス女王は、モディ首相の出身地のグジャラート州に足を延ばしている。アーメダバード近郊の川のほとりにあるガンディーの住まいだった道場であるアシュラムの建物を訪問している。

死去の報にモディ首相は「エリザベス2世女王陛下は現代の旗手として記憶される。国家と国民を活気付けるリーダーシップを発揮した。女王の死が残念でならない」としたが、葬儀には元首級の儀典ということでムルム大統領が出席した。

エリザベス女王の後継となったチャールズ国王の戴冠式でカミラ王妃が着ける冠についてイギリス王室は、インドから返還を求める声が根強いダイヤモンド「コ・イ・ヌール」（ペルシャ語起源で「光の山」の意）を使わないことを明らかにした。

「コ・イ・ヌール」は世界最大のダイヤの一つとされるもので、所有権が長く論争の的になってきた。ムガル帝室に伝来した歴史的に最も古い有名なダイヤモンドの一つで、重さが186カラットあった。伝説ではガンジス川の支流ヤムナー川河畔に捨てられていた子供の額から発見され、ヒンドゥー教のシヴァ神像の第3の眼の位置に嵌め込まれたという。インドのマハラジャからイギリス東インド会社を経て、1849年3月2日にパンジャブ州がインド帝国の支配下に入ったため、その女帝であるイギリスのヴィクトリア女王へ献上された。インド式のムガルカットではその輝きを十分に引き出すことができなかったため、夫のアルバート公がオランダの研磨業者にブリリアントカットへの仕立て直しを命じ、重量は105カラットに減少した。イギリス王室が所蔵しておりロンドン塔に展示されている。

19世紀まではインド亜大陸が世界でほぼ唯一のダイヤモンド産出国だった。「コ・イ・ヌール」もインドで発見されたダイヤモンドで、インドにはイギリスに奪われたとの意識があり、植民地支配の象徴として独立後にイギリスに返還を求めてきた。インド独立後で初となったカミラ王妃の戴冠式の王冠には「コ・

イ・ヌール」ではなく、南アフリカ原産のダイヤであるカリナンVが取り付けられた。

インド産には他にも有名なダイヤモンドがある。「グレート・ムガル」は原石の状態では787・50カラットあったとされ、事実とすればその当時世界最大だが、ヴェネツィアから呼んだカット職人がカットに失敗して280カラット余りになったとされる。1550年頃にデカン地方のゴールコンダ近くの鉱山で発見され、タージ・マハルを建てたムガル皇帝シャー・ジャハーンの息子アウラングゼーブ帝がフランスの宝石商タベルニエに見せたとされる。

ダイヤと児童労働

2020年12月に、超小粒のダイヤモンド1万2638個を使用した指輪が、一つの指輪に使われたダイヤモンドの数でギネス世界記録に認定された。「マリーゴールド：繁栄の指輪」と名付けられた指輪は、大きな花の形をしており、重さは165グラム余り。小粒のダイヤを集合体として大量に用いた豪華なアクセサリーの記録は次々に塗り替えられている。

インドでは古くからダイヤは平らな面を作らず石の原型に近い丸い形のままの小さなダイヤにはあまり価値がなく、赤色のルビーや青色のサファイアなどの宝石の人気が高かった。

ダイヤモンドを採掘できるのはダイヤモンドがマグマとともに地表近くまで上がってきた場所に限られ、インド産は、供給量が安定しなかった。ダイヤモンド採掘国として有名なのは産出量トップのロシアの他、南アフリカやボツワナで、実はインドの産出量は多くない。時折、ダイヤモンド鉱山の近くで思わぬ原石を拾ったというような話が報じられる。ただしインドはダイヤモンドの取引量では世界一だ。世界の色々な産地から集まってくるダイヤモンドの原石をカットし、ダイヤモンドトレーディングセンター（DTC）で原石が取引される。ダイヤモンド産業の中心地は、スーラト、ジャイプール、ムンバイ。

インドで取引が多いことの背景の一つに児童労働の問題がある。子供は鋭敏な視力を持ち、手さばきが安定しており大人よりも早く正確にダイヤモンドをカットすることができる。低賃金で容易に調達できる労働力。就労する子供の多くは10～14歳の少年だ。ダイヤモンドを研磨する仕事は労働者の家族によって代々受け継がれていく。

インド憲法24条では、14歳以下の子供による工場・鉱山・その他における危険を伴う労働が禁じられている。21条ではすべての州に対し6～14歳の子供への義務教育を定めている。1992年、国際労働機関（ILO）は世界中の児童労働撤廃に向け児童労働撤廃国際計画（IPEC）を立ち上げ、インドは世界で最初にこの覚書に署名をしたがまだまだ児童労働対策は必要だ。筆者はインド人のノーベル平和賞受賞者カイラシュ・サティヤルティが来日した際にインタビューをした。すべての子供を搾取から救い出し、無償で質の高い教育を受けられるようにしなければならないと強調していた。美しい輝きで人々を魅了するダイヤモンドはインドとヨーロッパの搾取のアイテムとなってきた長い歴史があり、今もまだその構造は変わっていない。「コ・イ・ヌール」のような大きいダイヤには権力者の歴史があり、砂のように小さいダイヤには隠されたインド社会があるということなのかもしれない。

英国のトラ狩り

トラもインドとイギリスの関係を知るテーマの一つだ。トラはインドの神話や伝承に登場する。インドは世界一のベンガルトラの生息国である。オスは全長3メートル前後で体重も200キロ程度ある。シベリアトラ（アムールトラ）より小さく、スマトラトラより大きい。体毛は短めで縞が少ない。森林や湿原などに生息し、基本的に夜行性。群れは形成せず、繁殖期以外は単独で生活する。ベンガルトラはインドの「国獣」であり、インドを象徴する野生動物で、回復の傾向もうかがえるが密猟と森林破壊からの保護の必要が叫ばれてきた。インド国内のベンガルトラは2006年に1411頭と推定されていた。

インドがまだ600程の小国に分かれていた18世紀頃、各地のマハラジャが一種のスポーツとしてトラ狩りを楽しんだ。その風習が植民地時代に引き継がれ、トラは上流階級の狩猟の対象となり、頭の置物や毛皮の敷物がヨーロッパへの土産となった。

インドで戴冠式を行ったヴィクトリアの孫のジョージ5世もトラ狩りを行っている。1911年12月にイギリス領インド帝国を訪問、デリーで行われた戴冠式典でインド皇帝として即位したことを宣言した。インド人への叙勲が大々的に行われ、皇帝はインド各地を巡幸した。ジョージ5世は趣味の狩猟に熱中しトラを狩っている。

インド映画『RRR』では、トラがイギリスとの戦いの重要な象徴として登場する。舞台は１９００年代前半のインドで、当時のインドは大英帝国の植民地だった。映画の中のインド総督はトラ狩りを楽しみ、誘拐された村の少女を救う主人公がトラと戦うシーンも見せ場の一つになっている。主人公がイギリス総督の公邸に総攻撃を仕掛ける際にはトラを含む動物たちがいっせいに檻から放たれる。

映画の中の英印関係史

映画『ヴィクトリア女王　最期の秘密』は、宮廷生活に心休まらない日々を送っていた女王が、金貨を献上しに現れたインド人の青年に心を奪われる様が描かれている。ヴィクトリア女王は、伯父ウィリアム4世の死によって、18歳でイギリスの女王となり、約64年間、イギリスに君臨した。ヴィクトリア女王は、１８７７年にインド皇帝を兼ね、インドをはじめとする広大な海外植民地を支配した。当時のイギリスは「君臨すれども統治せず」の立憲君主制だったが、ヴィクトリア女王は、王より上位の皇帝の座を狙い植民地支配の頂点となるインド皇帝となった。

最後のインド皇帝になったのは吃音の王として知られるジョージ6世（在位：1936年12月11日―1947年6月22日）だ。1947年にはインドとパキスタンが分離独立し、自身が最後のインド皇帝としてその称号を1948年6月に喪失している。1949年4月28日には新設された「コモンウェルス首長」（初代）となった。映画『英国王のスピーチ』では、ジョージ6世がスピーチ矯正の専門家のサポートを受け、長年のコンプレックスであった吃音を克服する。ただイギリス領インド帝国デリーでの新国王の公式謁見は実施されなかった。独立運動が活発化し国王夫妻がインドを訪問してもほとんど歓迎されない可能性が高かった。宗主国としての植民地に君臨する威厳をなくしたイギリスは急速に求心力を失った。ジョージ6世は「インド皇帝」ではなく「インド王」となり、1950年にはインドがイギリス連邦に留まったまま共和制へと移行し、ジョージ6

世は「インド王」の称号も失った。

２０２０年10月、人気スパイ映画『００７』シリーズの初代ジェームズ・ボンド役で人気を博したスコットランド出身映画俳優のショーン・コネリーが死去した。映画『王になろうとした男』(The Man Who Would Be King　１９７５年米・英)は代表作の一つだ。王になることを夢見た二人の英印軍退役軍人がアフガニスタン辺境部の国カフィリスタンを冒険する。退役軍人の二人は、イギリス式の軍事訓練でカフィリスタンの征服を企むという啓蒙史観たっぷりのストーリーだ。ボリウッド俳優のランヴィール・シンは、亡くなったハリウッドの伝説的なスターに敬意を表しインスタグラムでジェームズ・ボンドの写真を共有した。ショーン・コネリーは妻とバレンタインデーにタージ・マハルを訪れている。タージ・マハルは愛の象徴。引退後に滞在した五つ星ホテルに多くのファンが集まった。

インドとイギリスの関係史は両国が合わさってできた一つのもので、それぞれに独立して存在しているわけではない。従ってインドの「歴史力」とイギリスの「歴史力」のどちらに正義があるのか、どちらが強いのかを決めることはできない。ただ長い歴史で見た上下関係が逆転する兆しは明確に見え始めている。単純に経済力を比較すればイギリスはインドの後塵を拝し、国際社会でのパワーバランスにおいても、かつてイギリスが影響力を行使してきた国々に対してインドが急速に影響力を拡大させている。人口はインドが世界一となったし、経済成長率もインドの方が上である。イギリスにはヒンドゥー教徒の首相が生まれインド系の議員がその数を増している。植民地支配の歴史を被害者視点で語るだけの過去から脱却し、インドとイギリスは対等のパートナーシップを結ぶ新たな歴史を刻もうとしている。

第3章

アメリカのインド系「リーダーたち」

月面着陸

人類初の有人月面着陸に成功したアメリカのアポロ計画から約半世紀。再び起きている月面探査競争の先頭を走るのはインドだ。アメリカとロシアに加えて中国も参戦し、月に急ぐ国々の争いが熾烈になっている。

2023年8月にインドの無人月面探査機「チャンドラヤーン3号」が、世界で初めて月の南極付近への着陸に成功し、宇宙開発強国としてのインドの存在感を強烈にアピールした。「チャンドラ」は月を、「ヤーン」は乗り物を意味する。月の南緯約69度の人類史上最南端であるマンチヌス・クレーターの南東部に着陸し、探査車が2週間弱の探査を行った。月の南極を目指すのは水があると考えられているのが大きな理由の一つだ。ロケットやローバーの燃料となる水素を集め、飲料水や水耕栽培など月面開発へと夢は膨らむ。月面探査車は月面で月の砂を分析して硫黄の存在も初めて確認した。硫黄は月面開発に使う建築材やバッテリーなどに利用できる可能性もあるという。着陸船には3基、探査車には2基の観測装置が搭載されていた。探査車を月面から数十センチメートルの高さに飛び上がらせる実験も行われた。

月への最初の無人機による着陸は1966年で、宇宙開発競争を繰り広げていたソビエト連邦（ソ連）とアメリカが相次いで成功した。東西冷戦の中での宇宙開発は、世界一の国家はどこかという権威を争う巨額の予算を投じた競争だった。そしてロケット打ち上げ技術は弾道ミサイルの開発競争と結びついていた。

ソ連にリードされていたアメリカは威信をかけて有人探査のアポロ計画を掲げた。1969年にアポロ11号が有人月面探査に成功する。やがてアメリカもソ連も月を目指す政治的な意味がなくなり、有人宇宙開発の舞台は国際宇宙ステーション（ISS）の共同建設など、地球の周りを回る低い軌道が中心となった。

そこに現れたのが中国だ。2013年に「嫦娥《じょうが》3号」で無人月面着陸を成功させた中国は、2019年に「嫦娥4号」が世界初となる月の裏側への着陸に成功している。２０２０年には「嫦娥5号」が月面で採取した岩石や砂のサンプルを地球に持ち帰ることにも成功。２０３０年までに有人での月面探査を目指すという。これに対し、アメリカがアポロ計画の後継となる有人探査の「アルテミス計画」を立ち上げ、米中による新たな競争が始まった。

インドが月の南極に着陸を成功させる4日前には、ロシアの月面探査機「ルナ25号」も南極への着陸に挑戦したが、月面に衝突して失敗。ロシアが前回の「ルナ24号」を打ち上げたのはソ連時代の１９７６年で、ロシアにはかつての宇宙大国の勢いはない。

技術の進歩は低コスト化を可能にし、宇宙開発の主体は国家からアメリカのスペースXなどの民間宇宙ビジネスへと移行しつつある。その流れの中で新たなプレーヤーとして現れたのがインドだ。インドは火星にも近づいている。

インドが火星周回探査機「マンガルヤーン」を火星の周回軌道に乗せることに成功したのは、２０１４年のモディ首相の当選直後のことだった。「マーズ・

オービター・ミッション」はインド宇宙研究機関（ISRO）による火星探査計画で、火星を長楕円軌道で周回しつつ、五つの搭載機器で観測を行っている。「マンガルヤーン」は火星を意味する「マンガル」と乗り物を意味する「ヤーン」を組み合わせて作られた愛称だ。火星への探査機投入は日本も中国も失敗しており、アジアで初めての成功国となった。米航空宇宙局（NASA）のアルテミス計画は将来的な火星探査も視野に入れたもので、スペースXの最高経営責任者（CEO）のイーロン・マスクが「人類の火星移住」に言及している。その火星に、中国や日本よりも早く衛星を送り込んだのがインドだったというわけだ。

そしてISROは、太陽観測衛星「アディティヤL1」の打ち上げにも成功している。インド南部のサティッシュ・ダワン宇宙センターから打ち上げられた衛星は、太陽が放出する電磁波の状況や、太陽表面での爆発現象「フレア」を観測する。太陽の黒点で起こるフレアによって放出されたエネルギーは、人工衛星や、航空機の運航のほか様々な通信設備に障害を引き起こすとされる。太陽を継続的に観測し、太陽活動による社会へのリスクを軽減するためのデータを蓄積するという。

インドが宇宙開発を始めたのは国民会議派政権時代のことだが、その成果を巧みに国威発揚につなげているのがモディ首相だ。宇宙産業のスタートアップ・ビジネスの可能性に大きな期待を寄せている。モディ首相は、打ち上げや着陸といった精緻な計算を要し天候などの不確定要素の影響を受けやすい月着陸プロジェクトの日程を、2023年9月9～10日にインドで開催されたG20サミットの直前に設定した。そして、宇宙開発を先導する新大国としてのインドの存在を先進各国やグローバルサウスの国々に大いにアピールすることに成功した。

宇宙開発の分野でインドが目覚ましい業績を上げているのはインドに優れた人材がいるからだ。初代首相のネルーが進めた頭脳国家戦略で全国に設けられたインド工科大学（IIT）が優れたIT人材を育て、1990年代後半から世界の中で頭角を現し始めた。特に高度人材の受け入れを開始したアメリカでは インド人の技術者の受け入れが進み、「インディアンドリーム」を夢見てアメリカに渡った優れた人材がアメリカの最先端産業の英知をインドに持ち帰って、人材の循環が生まれた。もっとも華々しい活躍となったのが宇宙開発の分野で、NASAの技術者の多くはインド系の人々によって占められるようになった。インド系の人材はコンピューターの2000年問題を解決することにも貢献し、世界に存在感を示した。インドの人材力は、貧しさや出自に制約されない自由で激しい競争を繰り広げるインド式の教育の中から生まれた。空間的な制約を受けない新しい職業であるITにおいてそれは顕著だった。

インド人材の優秀さはコンピューターや宇宙の分野に限られているわけではない。インド人はなぜ優秀といわれているのか。インドの「人材力」とアメリカの「人材力」を、リーダー同士のイニシアティブの資質も含めて考えていく。

インド系女性副大統領

二連の真珠のネックレス。栗色のダブルブレストのパンツスーツとシルクブラウス、黒人女性独特の太い声で、インド系のその人は若さと多様性をトランプへの対抗軸として前面に打ち出し、映像メディアで強く華々しくアピールした。

新型コロナウイルス感染症拡大の影響でリモート開催となったアメリカの民主党大会は、日本時間の2020年8月20日正午、カマラ・ハリス副大統領候補が指名受諾演説に立った。当時77歳の大統領候補のジョー・バイデンより22歳若く、次の大統領候補としてバイデン氏を上回る注目度であった。ハリスは言う。「すべての国民が一体となり、黒人、白人、ラテン系、アジア系、先住民系、全員が望む将来のために、よりよい重要な仕事を行う大統領に投票すべきだ」

ハリスは女性でアメリカ初の副大統領だ。大統領にもしものことがあれば代わりに大統領となる。バイデンは「恐れを知らない闘士だ」と称賛した。検察官出

民主党のカマラ・ハリス
Andrew Harnik / Getty Images News：ゲッティイメージズ提供

身のハリスはカリフォルニア州司法長官を経て2016年に上院選で初当選。ジャマイカ系およびインド系として初の上院議員となった。2019年1月21日のキング牧師記念日に大統領選挙への出馬を表明したが、12月に資金不足を理由に民主党指名争いから撤退し、バイデンを支える副大統領となった。トランプ政権の強硬な移民政策を批判し「女性版オバマ」として注目を集めた。

父はスタンフォード大学の教授、母は医学者。その母が付けた名前はサンスクリット語で「蓮」を意味するカマラ。両親はカマラが7歳のときに離婚。母は小学生のカマラを白人の多い地区の学校に通わせた。

カマラ・ハリスの母、シャマラ・ゴパラン(Shyamala Gopalan 1938―2009年)は、1960年にアメリカに移民したチェンナイ出身のタミル系インド人だ。1938年4月7日にマドラス(現チェンナイ)に生まれた。19歳でデリー大学を卒業し、25歳でカリフォルニア大学バークレー校で栄養と内分泌学の博士号を取得した。乳がんの研究者で、乳がん特別委員会の委員も務めた。仕事に革新的で、信じている大義に忠実で仕事に対する断固たる信念を持っていたという。乳がんはインドの女性で最も一般的ながんであり子宮頸がんより多いとされる。

およそ17分の副大統領候補指名受諾演説の中でハリスはこの母について長い時間を割いた。NHKのサイト翻訳から一部を引用する。

「もう1人、名前の知られていない、物語も共有されていない女性、しかし私が手本にしている女性がいます。それは私の母、シャマラ・ゴパラン・ハリスです。母は19歳の時、がんを治すという夢を追い求めてインドからアメリカにやってきて、カリフォルニア大学バークレー校で、私の父、ドナルド・ハリスと出会いました。二人は1960年代の公民権運動で正義のために一緒に行進しながら、最もアメリカらしい方法で恋に落ちました（中略）両親が別れ、母は私たちをほとんどひとりで育ててくれました。他の多くの母親と同じように、母は24時間態勢で働き、私たちが起きる前にお弁当を詰め、寝た後に勘定をし、台所のテーブルで宿題を手伝ってくれたり、聖歌隊の練習のために教会まで送ってくれたりしました。とても簡単なように見えましたが、決してそうではなかったと知っています（中略）今夜、母がここにいてくれればいいのにと思いますが、きっと母は天国から見守ってくれていると思います」

ハリスはインドの官僚だった祖父から民主主義や公民権運動の重要さについて学んだとしている。インド系であることをことさらに強調する機会はあまり多くないようだが、ヒンドゥー教の最大祝祭で新年を祝うインドの光の祭典ディワリには、「世界中のすべての人が安全で健康的で楽しい新年を祝うことを願う」とSNSで発信したりもしている。モディ首相との会談も行われており、情報技術、ヘルスケア、宇宙開発におけるインドとアメリカの協力などについて話し合っている。

バイデン政権では、インド系や南アジア系の人材が実に多い。ハリス副大統領を筆頭にインドや南アジアをルーツとする人々が各方面に重要な役職についている。20人以上のインド系アメリカ人を登用、その多くが女性だった。

スモナ・グハは、国家安全保障会議の南アジア担当シニアディレクター。ニーラ・タンデンは、行政管理予算局長指名。ビナイ・レディはバイデンの副大統領時代のスピーチライター。サブリナ・シンは、ハリス副大統領の副報道官。ソニア・アガルウォルは、ホワイトハウスの気候政策とイノベーションの顧問だ。

共和党のインド系人材、ヘイリー

共和党にもインド系人材がいる。ニッキー・ヘイリー（Nikki Haley　1972年1月20日─）は、トランプと2024年大統領選挙の共和党代表の座を争った。実業家、政治家で、サウスカロライナ州下院議員、第116代サウスカロライナ州知事、第29代国連大使を歴任した。ヘイリーもインドのパンジャブ系アメリカ人である。日本ではニッキー・ヘイリーの名前で知られているが、正式名称はニムラータ・ニッキー・ヘイリーだ。「ニムラータ（Nimrata)」は、シク教の重要な美徳で、パンジャブ語での直訳は「謙虚さ」や「慈悲」を意味する。シク教徒の両親はインドのパンジャブ州から移り住んだ学者だ。サウスカロライナ州の州兵であるマイケル・ヘイリーと結婚し、改宗し夫の姓を名乗っている。サウスカロライナ州史上初の女性州知事・人種マイノリティー出身の州知事で任期中は全米50州で最年少の州知事でもあった。２期目在職中の２０１７年1月に知事を辞職し、国連大使に就任した。選挙期間中にトランプを支持しなかった人物がトランプ政権入りするのは珍しい。

２０２４年大統領選挙では、共和党からの立候補者が軒並みトランプへの批判を控える中、ヘイリーはウクライナをめぐるトランプの対応や、議事堂襲撃事件を批判するなど反トランプ色を鮮明に打ち出したが3月5日のスーパー・チューズデーで15州のうち14州で敗北し選挙戦からの撤退を表明した。

共和党でトランプと競う指名候補として注目されたオハイオ州のビジネスマン

共和党のニッキー・ヘイリー
Theo Wargo / Getty Images Entertainment：ゲッティイメージズ提供

のヴィヴェック・ラマスワミもインド系アメリカ人だった。アメリカでの中国系企業のビジネス拡大を禁止し、メキシコ国境の警備の強化や麻薬カルテル撲滅のためにアメリカ軍を投入するなど、トランプ前大統領が掲げた「アメリカ第一主義」の路線で一時は党内の支持率で3番手に浮上したこともあったが、途中で選挙戦から撤退すると表明した。共和党の大統領候補はトランプとなり、しかも「もしトラ」ではなく「ほぼトラ」といわれてトランプ候補の再選の可能性が報じられるようになっていった。その時、世界を驚かせるあの事件が起きた。

2024年の現地時間7月13日、ドナルド・トランプがペンシルベニア州バトラーの農業ショー会場で開催した集会で銃撃され、右耳の上部を負傷した。遥か遠くの屋根からのライフルによる攻撃で、標的の頭部を狙えるという最新の銃の性能も驚きだったが、風の向きや強さ一つで銃弾の進む方向がずれて命を落としかねなかったトランプの強運にも驚かされた。トランプが銃撃の直後に右手の拳を突き上げて強いリーダー像を示すことになったのも印象的であった。幸い命に関わる事態にはならなかったが、ケネディ大統領の暗殺や、後に銃規制のブレイディ法案の成立を生み出すことになるレーガン大統領の暗殺未遂事件を思い出さずにはいられなかった。アメリカの銃社会は個人、社会だけでなく、世界の歴史をも危険に曝している。

大統領にもしものことがあった時に大統領の職務権限を正当な形で継承・代行できるのは副大統領である。ケネディ大統領の暗殺の後には当時副大統領であったジョンソンが任務を代行する形で大統領となった。バイデン大統領は、同じ時期にウクライナのゼレンスキー大統領とロシアのプーチン大統領の名前を言い間違えるなど、大統領としての執務能力に疑問の声が上がり、民主党の支持者からも大統領選撤退の声が上がっていた。カマラ・ハリスは、経歴と副大統領としての安定した職務能力で信頼が厚い。ニッキー・ヘイリーは銃撃事件後トランプとの距離を縮め、トランプを支持する姿勢を打ち出した。

ハリスもヘイリーも、二人とも将来の有力なアメリカのリーダー候補であることには間違いない。共和党のトランプと民主党のバイデンはいずれも高齢だ。後継者あるいは副大統領としてアメリカを率いるリーダーとなる可能性が高い二人の人物はいずれもインド系の女性なのである。

結局、バイデンは大統領選挙から撤退した。バイデンが後継に指名したのは、インド系のハリスだった。

8月23日（日本時間）に行われた民主党の大統領候補指名受諾演説でカマラ・ハリスは母について再び語った。

「私は毎日母を恋しく思っています。特に今は。今夜、母が微笑んで見守っているのがわかります。母は19歳のとき、乳がんを治す科学者になるという揺るぎない夢を抱いて、インドからカリフォルニアまで一人でやってきました」

母は学校を卒業すると伝統的な見合い結婚のため帰国するはずだったが、ジャマイカ出身の学生である私の父ドナルド・ハリスと出会い結婚し、カマラと妹マヤを生んだ。カマラが小学生の時、両親は別れ、カマラを育てたのは母だった。

「私の母は聡明で、身長5フィート、訛りがあり、褐色の肌をした女性でした。私は世界が母を時々どう扱うかを見てきました。母は決して冷静さを失いませんでした。彼女はタフで、勇敢で、女性の健康のための戦いの先駆者でした。彼女は私たちに『決して中途半端なことはしてはいけない（Never do anything half-assed.）』と教えてくれました」

カマラ・ハリスは、トランプ批判を繰り返しながら、その対極として自分が掲げる理想を語り、その節目節目に母の言葉を持ち出した。「選挙戦の敵（トランプ）は、毎日、アメリカをけなしています。すべてをひどく語っています。私の母は別の教訓を教えてくれました。それは、自分が誰であるかを人に決めさせてはならない、自分は誰であるかは自分で示さなければならない、ということです。アメリカよ、私たちが誰であるかを、そして私たちが何を支持するかを、お互いに、そして世界に示しましょう。自由。機会。思いやり。尊厳。公平。そして無限の可能性。私たちは世界史上最も偉大な民主主義の継承者なのです」

女性、移民、医療、差別、正義、献身など、大統領になる決意表明の場でカマラ・ハリスが母との関係を語る理由は多かった。

民主主義サミット

「人材力」の中でも、世界のリーダーとなり得る資質があるのかどうかという観点から2つのオンライン会議に注目してアメリカのバイデン大統領とインドのモディ首相の比較を行ってみたい。バイデン大統領は民主主義という「理念」によって世界のリーダーとしてのアメリカを訴えようと試みたがあまり芳しい成果は得られなかった。これに対してモディ首相はグローバルサウスという新興国が台頭する「現実」を踏まえたリーダー像を示した。

2021年12月9日、バイデンが「民主主義サミット」を主催した。ウェブ会議形式の仮想空間のサミットだ。目的は「国内の民主主義を刷新し、海外の独裁国家に立ち向かうため」とされた。権威主義からの防衛、汚職への対処と戦い、人権尊重の推進の三つが目的と謳われた。100以上の国家と地域が招待されたが、中国やロシアは招かれなかった。

これはトランプとの大統領選挙を戦っていたバイデンが、当時現職だったトランプの外交政策がアメリカの孤立を招いていると批判し、自身が当選した場合は開催すると公約したものだ。バラク・オバマが提唱した核セキュリティ・サミットを念頭に置いていたとされる。

バイデンは世界各地に民主主義の花を咲かせると強調したが、2023年3月に開かれた第2回のサミットも低調に終わった。「民主主義国家はかつてないほど結束してロシアの残忍な戦いを非難し、民主主義を守ろうとするウクライナを支援している」と民主主義サミットの提唱者であるバイデンは演説で訴えた。しかし、共同宣言に署名したのは、招待した120か国・地域の6割にとどまった。中国、ロシアに対抗するため民主主義勢力の結束を狙ったが、足並みの乱れを露呈した。

インドは共同宣言に署名したものの、ロシアによるウクライナ侵攻が及ぼす悪影響に懸念を示した部分やプーチン大統領らに逮捕状を出した国際刑事裁判所（ＩＣＣ）が果たす重要な役割を認識すると記した部分にも賛同しなかった。

グローバルサウスと呼ばれる新興・途上国の中には、ウクライナに侵攻したロシアへの経済制裁に加わらない国も多く、民主主義や人権、法の支配といったアメリカ式の理念外交では、世界をまとめきれない実情が露わになった。人口比でいうと権威主義国家で暮らす人々が民主主義の国で暮らす人よりも多く、経済面でも中国を筆頭に権威主義国家が影響力を増している。サミットの直前には、中国がイランとサウジアラビアの和解を仲介し、外交でもアメリカは影響力を低下させている。

グローバルサウスのリーダー

2023年1月に、インド政府は新興国・途上国の首脳らによるオンライン会合「グローバルサウスの声サミット」を開催した。新興国・途上国125の首脳らが、オンラインで参加。モディ首相は、参加した国々に対して「新しい世界秩序を築こうではないか。あなた方の優先課題は、インドの優先課題だ」と訴えた。そしてグローバルサウスの声を大きくしていこうとするのは当然だとモディは語りかけた。インドこそがグローバルサウスの国々の「声」の代弁者で、けん引役であることを宣言したのだ。

グローバルサウスの国々の「声」とは、大国の論理で動きたくないという先進国に対する不信感だ。冷戦構造・植民地支配のトラウマがあり、自らがプレーヤーを演じる実力もつけてきた。声を発する自信が生まれてきたのだ。冷戦の終結で共産圏の「第二世界」が消滅し新しい軸となろうとしている。

経済的に見ても、G7の世界のGDPに占める割合が4割を切り、もはや世界経済の主軸ではなくなっている。人口面でも経済面でも規模の面での主役はグローバルサウスに移っているのが今の世界だ。先進各国首脳の訪問外交が競うように続いている。ロシアや中国が影響力を拡大させる中、米欧日が取り込みに躍起になっている。2050年までにグローバルサウスのうちインド、インドネシア、ブラジルなどが、GDP上位国になると予測されている。国際会議ではどんな小さな国も一国一票の権利を持つので発言権自体も大きくなっている。

2023年の外交青書で初めて記述されたグローバルサウスにはまだ明確な定義はないが、アジア・アフリカ・中南米などの新興国や途上国の集まりで、多くが南半球に属するのでサウスと呼ばれる。さしずめグローバルノースはG7などの西側先進国のグループで、グローバルサウスはその対義語ともみることができる。

グローバルサウスの中でのインドのリーダー論は、かつて植民地支配を受けた国々の被害者意識に訴えるものだ。新型コロナ、気候変動、グローバル化するテロ、地域戦争。いずれをとっても被害者になっているのはグローバルサウスの責任のない国々だと訴える。気候変動の交渉では「共通だが差異のある責任」を主張してきた。先進国と同じ負担は理不尽だというのだ。

アフリカでは、植民地支配からの独立後も低所得のままの国々が多い。そこにコロナ禍、食糧、エネルギー危機が直撃している。宗主国支配からは解放された後も、東西陣営に振り分けられたとの思いがある。援助競争は過熱したが内政干渉とセットのものだった。過熱した援助は援助疲れとなり、受援国のガバナンスを理由に、都合よく撤退している。インドは、古くはインド洋を挟んだ交易を通して、その後は同じイギリスの支配を受けた者として、今日では環境、インフラ、ジェンダーなど様々なグローバルイシューの問題解決に迫られている仲間としての連帯意識がある。そこに注目したモディは国際社会でもリーダーとなるのが巧みだ。

２０２４年８月に行われた第三回の「グローバルサウスの声サミット」には、インドの隣国バングラデシュの暫定政権で最高顧問に就任したノーベル平和賞受賞者のムハマド・ユヌスが出席した。バングラデシュでは政府に対する抗議デモが拡大し強権的と批判されたハシナ前首相が辞任に追い込まれた。バングラデシュ国内で反インド感情の高まりがあり、ハシナを保護するインドにとっては、暫定政権と関係を築く貴重な機会になった。筆者は、かつて駐在地のマレーシアで開かれた非同盟諸国会議を取材したことがあるが、非同盟の国際会議は参加国が多いため自国の立場を表明するにとどまることが多い。参加各国にとっては、個別の二国間の会合で外交関係や広げ、エネルギーや食料などの個別のビジネスについて話す場となる。

アップル直営店

インドとアメリカの間のビジネスの分野では、巨大な潜在市場を狙ったアメリカのＩＴ企業のインドへの進出が続いている。そうしたＩＴ企業のトップはインド系人材で占められ、インド地元のビリオネア財閥との協業も進んでいる。コロナ禍で加速したリモート社会が触媒となって、人材と資本の交流が急速に進んでいる。

アップルは２０２３年４月、ムンバイとニューデリーに相次いでインド初の直営店をオープンした。開業前には数百人の人々が列を作り、ティム・クックＣＥＯも駆けつけた。クックはモディ首相との会談後「私たちはインド全土での成長と投資に取り組んでいる」とＳＮＳに発信。アイフォーン（iPhone）をはじめとするアップル製品の本格的なインドへの上陸は消費市場としての成熟ぶりを印象づけている。

インドのスマートフォン市場は価格帯が低い中国や韓国企業の製品が大半を占めるが、所得水準の向上とともに高額な製品の人気が若年層を中心に高まっている。インドのスマホ出荷台数のシェアは、中国の小米（シャオミ）と韓国・サムスン電子が首位を争い、アップルのシェアは小さかった。ただしこれは台数ベースの話で、金額ベースにするとアップルも中国や韓国企業に肩を並べていた。それが台数の上でも大型進出をしていこうというわけである。アップル製品はオンラインストアでは購入可能となっていたが直営店舗が拡大すれば巨大市場の開拓は本格化する。米中関係の悪化で、アメリカでデジタル機器製造の脱中国が進む。販売と生産の双方で中国からのインドシフトが進む。

モディ政権は、「メーク・イン・インディア」の掛け声のもと、製造業の底上げに力を入れている。IT分野やサービス業に偏重した経済からの脱却を図ろうというものだ。これが中国依存脱却を狙う各国のインド進出の動きと符合し、補助金や優遇措置を設けて外国の製造業を積極的に誘致してきた。インドの1人当たり国内総生産（ＧＤＰ）は２０００ドル台と伸び代が大きく、成長を期待できる潜在的中間層が多い。都市部を中心にものを買ってくれる層の台頭が著しい。

年間に1億５０００万台以上が売れるインドの巨大スマホ市場を席巻してきたのは韓国のサムスン電子だった。それが中国産の格安スマホの急速な追撃を受け、首位の座は中国になった。アップルはというと、高価な価格設定がインドでは壁となって伸び悩んできた。世界市場で中国スマホに押され気味のアップルにとって、インドは形勢逆転のために重要な未開拓の巨大市場だ。ティム・クックは、コロナ禍の中でアイフォーン全体の売り上げが最近伸びている理由として、インドなどの新興国での好調な販売があると強調した。

クックはムンバイで大手財閥タタ・グループの統括会社タタ・サンズのナタラジャン・チャンドラセカラン会長とも会談した。タタ・グループはインドを代表する財閥で、ＩＴ大手のタタ・コンサルタンシー・サービシズ（ＴＣＳ）やタタ自動車などの有力企業を抱え、家電量販店も運営している。チャンドラセカラン会長にはＴＣＳ時代にインタビューをしたことがあるが非常にエネルギッシュな人だ。そしてクックは、大手財閥リライアンス・インダストリーズのムケシュ・アンバニ会長とも会談した。リライアンス・インダストリーズは、石油化学を中心に発展してきた新興財閥で、「ジオ」ブランドで通信事業に参入し高速通信規格「５Ｇ」サービスの提供も始めている。リライアンスは米グーグルと提携して低価格スマホを共同開発している。アメリカのインドへの進出は、市場だけでなくビジネスパートナーの争奪戦も過熱している。

感染症が変えた市場

インドは天然痘やペストなど感染症との闘いの歴史が長い。都市部では人々が密集して暮らし、経済活動が対面を前提としている。農村部では家族の結びつきが強く人々が密着している。新型コロナウイルス感染症拡大の際には、ガンジス川の沐浴やモスクでの礼拝など、大規模な宗教行事が感染の場となった。一瞬の気の緩みが感染爆発に直結する危険といつも隣り合わせの国だ。

感染症の脅威はリモート社会拡大の動きを加速した。政府主導で新型コロナの接触確認アプリをいち早く導入し、アプリを使った配車や宅配のサービスもコロナ禍で急速に拡大した。体温測定用サーモグラフィーを搭載し、医療従事者が被って街頭の群衆から高熱の人を検知する「スマートヘルメット」もお目見えした。とにかく今あるもので解決策を見つけるインド式思考法で、斬新なアイデアを即実行してインド社会を猛スピードで変えている。

もともとインド政府はインド式マイナンバーの「アダール」で個人情報の集積を始めた情報通信の国だ。インドの大企業を対象にした調査では96％以上の企業がパンデミックを機にクラウドの利用が増えたと答えた。コロナ禍の前から始まっていたデータ社会への移行に一気に火がついた格好だ。

そんなインドに競うように巨額の投資を続けているのがアメリカのＩＴ企業、

G（グーグル）、A（アマゾン）、F（フェイスブック　現メタ）、A（アップル）だ。グーグルのスンダー・ピチャイCEOは2020年7月に、5〜7年で約100億ドル（約1・5兆円）を投資すると表明して世界を驚かせた。モディ首相とオンラインで会談し、インドのデジタル化を実現するためにグーグルが得意とするAI（人工知能）をインドの医療、教育、農業に活用し、英語が中心だった検索サービスも現地の事情に合わせヒンディー語やタミル語など現地の多言語に対応させると発言。インド側としては手放しで喜びたい提案だった。というのもピチャイが生まれたのはインド南部。途上国インドの何に伸び代があり、どこから手を着ければいいのかを一番よくわかっている人物の経営判断だった。

アマゾンも電子商取引（EC）事業を加速させた。インドでは「キラナ」と呼ばれる古くからの中小の小売店が、アメリカの企業進出に反対してきた。政府も外資企業のネット通販に対する規制を強化していたが、新型コロナウイルス感染症対策の都市封鎖でデリバリーサービスの需要が拡大し、事情は一変した。インドでは、ネットで選んだ商品を注文者の代わりにキラナで購入して自宅まで届けるサービスや、レストランの食事を配達したり、農家から買い上げた野菜をレストランに卸したりするなど、様々なスタートアップ事業が注目される中、ＥＣのノウハウを持つ外国企業への関心が高まっている。アマゾン側も、在庫管理やカタログ作成といったＥＣのノウハウを提供するなど協業を呼びかけ、薬局や医療分野へ進出の幅を広げている。

ただしインドは物事が簡単には進まない国である。かつて先陣を切ってインドに進出した米ＩＢＭは１９７８年に外資規制の煽りを受けて一度全面撤退した（１９９１年に再進出）。イギリスの植民地支配を受けたトラウマと、独立・自立の精神がこれまで外資進出の壁となってきた。今も外国企業の進出には労働争議や地元企業の反発がつきもので、外圧による変化をよしとしない農民のデモも起きている。例外的にインド進出に成功した自動車のスズキの成功の秘訣は、インド企業との協業にあった。現地企業と合弁会社を作ることで販売や需要の現場の情報を集めインド市場の閉鎖性を克服したことにある。

注目の財閥の一つがリライアンスだ。創業2代目のムケシュ・アンバニ会長が石油産業から通信産業に事業を拡大し急成長を続けている。ムンバイ中心部の一等地にあるアンバニの自宅は総工費870億円と言われ、ブルームバーグのビリオネア・インデックス（世界裕福ランキング）で、アリババグループの創業者ジャック・マーの26位より上位の12位、アジアで一番の富豪となったこともある。

巨大財閥に富が集中する今のインドは、独占資本の形成が進んだ19世紀後半のアメリカの「金ぴか時代」に似ているといわれる。資金力のある企業がインフラの独占を進め勝ち組となっている。中でも通信事業を牛耳ったリライアンスへの注目は在宅リモート社会の到来で一気に加速した。

リライアンスは2020年5月、食料品のネット通販サービス「ジオマート」を開始。コロナ禍による外出禁止も一つのきっかけになり、インドでは消費者向けデジタル事業の重要性が増している。同年にリライアンスがサービスを開始したウェブ会議ツール「ジオミート」も含め、リライアンスはデジタル事業を横串にして、総合的な顧客囲い込みに動いた。

リライアンスは、グーグルと共同開発した低価格スマートフォン「ジオフォーン・ネクスト」を発売し、グーグルの基本ソフト（OS）「アンドロイド」を使って音声アシスタントなどの機能も盛り込んだりした。インド出身のCEOとインドのビリオネアが手を組んだ形だった。

GAFAがインド進出に本腰を入れ始めた時期は、トランプ前米大統領が中国を批判し、国境紛争でインドと中国の関係が緊張した時期とも重なる。米中、中印関係の悪化が米印を近づけたところに新型コロナのパンデミックが起き、好調なアメリカIT企業の資金が成長の見込めるインドに一気に流れ込んだ。GAFAがコロナ後のインドの巨大成長市場を狙うのは、感染症がリモート社会を生み、パートナーとなり得る現地企業も成長してきた上に、対中関係という国際情勢もインド進出に味方しているという三つの理由があった。アメリカとインドのビジネスリーダーたちは、そうした時代の流れを敏感に感じ取りながら次々と新規事業を立ち上げ、インドという国をデータ先進国へと作り変えている。

あふれるインド系人材

2023年6月2日、世界銀行の総裁に初めてインド系アメリカ人が就任した。アジェイ・バンガ（Ajay Banga　1959年11月10日―）は、シク教徒だ。インドのマハーラーシュトラ州プネー近郊の出身で、デリー大学で学士号を取得したのちインド工科大学（IIT）でMBAを取得した。スイス食品大手ネスレや米シティグループでも勤務している。アメリカに移住しペプシコで働いた後、バンガは2009年にマスターカードに入社し、CEOとして、非接触型支払いやモバイル決済などリーマン危機後のクレジットカード会社に新しい技術を導入した。そして2023年2月、バイデン大統領が世界銀行の次期総裁候補としてバンガを指名した。

世界銀行はアメリカが最大の出資国であるため、アメリカ政府が総裁を指名することになっている。世界銀行の総裁は、国際政治とカネの難題に向き合わなければならない。中国が世界銀行から融資を受けながら、途上国への独自の融資で勢力を拡大しているからだ。インフラ、防災、保健など、カバーエリアも広い。

その大役に選ばれたのが、バンガ。国際機関での経験は乏しいが、民間金融の立場から途上国の開発に長く取り組んできた。途上国では銀行口座を持っていない人々も、スマホで金融サービスに取り込んでいくことができる。バイデン大統領は「専門知識、経験、革新性をもたらす」とその手腕に期待を表明した。

グーグルのスンダー・ピチャイCEOの他にも、マイクロソフトのサティア・ナデラCEO兼会長など、アメリカのIT企業のトップや幹部にインド系の人材は多く、厳しい競争を勝ち上がってきた優秀な人材とインディアンドリームの掛け算がデータリモート社会で爆発している形だ。情報通信以外にもスマートな思考で素早く実行に移すインド系のマネージャーや経営者の存在は増える一方だ。学術や技術開発の分野でもインド系の人の姿を見ないことは少なくなってきた。政治の世界でもインド系がアメリカの中枢に入り、大統領候補にまでなっている。

インド人とアメリカ人のどちらが優れているか、という単純な比較に答えなどあるはずはなく「人材力」の比較でも軍配はいずれに上げることもできない。なぜなら世界の、特に政治や経済のリーダーの世界では、国境や国籍を問わず激しい競争が繰り広げられ、ボーダーレスの闘いが展開しているからだ。ただ、その新たな人材還流の波にどの国の人々が最も先進的に関わっているのかという点で見ると、インドの関わりが他国を凌駕する圧倒的なスピードで深まっていることは間違いない。

初出）本章は、以下を大幅に加筆修正した。
ＧＡＦＡ進出が急加速「コロナ禍でデジタル化するインド市場」２０２１年８月５日（新潮社 Forsight）
https://www.fsight.jp/articles/-/48156

第4章

カナダとは「宗教力」をめぐり対立

カナダがなぜ

この章ではインドの「宗教力」について考える。ただしカナダの「宗教力」と比較するというわけではない。シク教指導者暗殺事件でインドとカナダの関係が大きく揺れた。インドの宗教の力は印僑ネットワークによって国際関係まで左右する力を持っている。インド国内の長年の対立の火種が世界に広がっている。

インドからのグローバル人材の拡大は、西洋世界との上下関係の逆転を生み、イギリスではインド人材が政治の世界に浸透した。アメリカからは、デジタル社会の進展の中で伸び代のある潜在市場としてのインドへ資本と人材の還流が見られた。そしてアメリカ政界にもインド人材があふれている。このグローバル化現象は、人材や資本だけでなく、時に危険な装置にもなる「宗教」というソフトウエアの拡散に至っている。ソフトウエアには必ずウイルスもつきものだ。宗教のような目に見えない世界の潮流は、長くインドを追っていると突然、「事件」として現れることがしばしばある。カナダの一件もその例といっていいだろう。

2023年6月18日、カナダ国籍のシク教徒の指導者が何者かによって殺害された。指導者はカナダ在住で事件もカナダ国内で起きたのだが、インドが指名手配していた人物だった。カナダのトルドー首相はインド政府が殺害に関与した疑いがあると指摘。インドがこれに激しく反発し、実行犯が特定されない事件の闇が大国の外交関係を揺るがす事態となった。

事件が起きたのはカナダ西部ブリティッシュコロンビア州のバンクーバー郊外のシク教寺院の駐車場の車中で、シク教徒の指導者ハーディープ・シン・ニジャールが2人組の男に銃撃されて死亡した。実行犯は捕まっておらず身元も不明だ。

トルドー首相はこの事件に「インド政府が水面下で関与した」との見方を示し、インド工作員が関わった疑いがあると議会に報告した。ニジャールは難民としてカナダに移住し、カナダの国籍を取得。配管工などとして働いていたとされる。

トルドー首相は「カナダ国内で、カナダ国民の殺害に外国政府が関与することは、我が国の主権に対する容認しがたい侵害だ」とした。

カナダ国内にはシク教徒が80万人近くいる。そしてトルドー首相が率いる与党・自由党が政策協力を結ぶ野党の新民主党（NDP）のジャグミート・シン党首はシク教徒。トルドー首相がこの問題に強くこだわる背景には政権の多数派工作の影が見え隠れする。

トルドー首相は2018年にインドを初訪問。シク教徒が多いパンジャブ州を訪問している。インドとカナダは、民主主義、多元主義など共通の価値観で経済関係を拡大し、人的つながりという面でも長年の実績がある。包括的な経済連携協定や投資促進協定の締結に向けて協議を続けていた。しかし今回の事態を受けてカナダ側は協議を中断。在カナダのインド人外交官を追放した。トルドー首相は事件の直後にインドで開かれたG20サミットの機会にモディ首相に事件の捜査に協力するよう直談判したとされるが、インド側から思うような対応を引き出すことができず、問題が拡大していくことになった。

シク教とは

インドを名指しで犯人扱いするカナダ側の姿勢にインドは激しく反発する。その怒りの理由は単純ではない。そもそもシク教とはどのような宗教なのか。

シクはサンスクリット語の「シクシャー＝弟子」を意味し、教徒たちはグル（導師）の弟子だと自認している。シク教が生まれたのは15世紀末で、開祖はグル・ナーナク。北インドのパンジャブを本拠地とし、当時ムガル帝国領で宗教に寛容なアクバルの統治下だった北インド一帯に広がった。総本山ハリマンディル・サーヒブは「黄金寺院」として知られ往時の繁栄を今に伝えている。アクバルの死後、ムガル帝国と対立するようになり、シクは教団組織を整備し、反イスラム・反ヒンドゥー色を強め、4人の息子をムガル帝国との戦いで失った第10代教祖グル・ゴービンド・シングの遺言で経典『グル・グラント・サーヒブ』が最高権威の書物として信仰の中心となった。

技術者が多くタクシー運転手にもシク教徒が多い。実社会で活躍する人材が多いのは、ヒンドゥー教やイスラム教の形式や儀式を批判し偶像崇拝やヨガの苦行、カースト制、出家、迷信を否定し、世俗の職業や日常生活の中での宗教の実践を重んじているからだ。裕福で教育水準の高い層の信者が多く、植民地時代に官吏や軍人として登用された人材が世界各地に移住し、髪の毛と髭を切らずターバンを巻いたインド人のイメージを世界に広げた。キリスト教、イスラム教、ヒンドゥー教、仏教に次いで世界で5番目に信者が多く、改宗宗教として異教徒やインド人以外に対しても布教が行われ、約2400万人の信者が印僑として欧米諸国や東南アジアなどで暮らしており、日本にもコミュニティーが存在する。

寺院はグルドワーラー、小規模な寺院はダルバールと呼ばれる。筆者は、神戸市中央区野崎通の「グル・ナーナク・ダルバール」を訪問したことがある。ハンカチをかぶって髪の毛を隠し寺院に入ると、壁面には小さなプロジェクターで『グル・グラント・サーヒブ』の言葉が壁面に映しだされ、敬虔な教徒が詩歌の朗踊を続けていた。礼拝は毎週日曜日の昼前から行われ、礼拝の後にカラーパルシャードと呼ばれる砂糖菓子の神前の供物をいただく。タバコ・アルコール飲料・麻薬は禁止され、肉食は本人の自由に任されている。

インドの反発の理由

遠く離れたカナダで起きた事件についてインド政府は当初から関与の疑惑を強く否定。「インド政府が関与しているとの主張は、不合理で故意に満ちたものだ」との声明を出し、インド駐在のカナダ人外交官を国外追放する対抗措置を取った上、「インドの主権と領土の一体性を脅かし続けているカリスタンのテロリストや過激派」にカナダが避難場所を提供していると主張した。

このカリスタンは「清浄な土地」を意味し、イギリスからの独立後、パンジャブ州で自治権拡大を求める声が高まり、１９８０年代に建国運動へと先鋭化したものだ。シク分離主義運動は、１９８４年には過激派が黄金寺院に立てこもる事態に発展し、中央政府が軍隊を投入して鎮圧。これに反発する形で、当時のインディラ・ガンディー首相が警護のシク教徒に暗殺されることになる。さらにその翌年に起きたエア・インディア１８２便爆破事件にはシク教徒組織が関与した。カナダのモントリオールからロンドンへ向かうエア・インディア機が大西洋上で爆破され、乗客・乗員３２９人が死亡。その１時間前には成田空港で別のエア・インディア機に積み込む荷物が爆発し、日本人の空港職員２人が犠牲になった。いずれもシク教過激派の犯行とされている。

インド政府の掃討作戦で、カリスタン運動は勢いを失ったが、殺害されたニジャールは、過激派組織「カリスタン・タイガー・フォース」を率いていたとされ、インド当局から指名手配されていた。ヒンドゥー教指導者の殺害やパンジャブ州の映画館爆破事件に関与したなどとして身柄確保に高額の懸賞金がかけられていた。インド国内でのカリスタン運動はすでに下火になっており、インド当局が国益を危険にさらしてまで一個人の活動を超法規的殺人で封じ込める必要があったとは考えにくいが、カリスタンの独立運動がインドの国外から再燃することにインドは神経を尖らせていたのかもしれない。

シク教徒が多いパンジャブ州は穀物栽培が盛んな地域で、米の生産量はインド最大であり「緑の革命」に成功した州でもある。植民地時代に灌漑用水路の建設が進められ、独立後には農村の電化が進められ米と小麦の二毛作が行われてきた。インドの民衆の中心的存在である農家を代表する州で、豊かな分だけ独立の志向が強い。政治面でもシク教の教義を基盤とした地域政党の「アカリ・ダル」が中央政府から一目置かれる存在感を持ち続けている。

そしてパンジャブ州は、2020年の農業新法に対する農民抗議運動の中心地で反政府デモは数万人規模に膨らみ、デモ参加者の農家と警官隊が衝突して死者も発生した。一連の農業改革は地域ごとに設けられた古くからの市場での販売を義務づけた慣習を否定し、強引に自由販売を持ち込むものだったため農家の多くが最低支持価格による買い入れ制度が廃止されると思い込み、中央政府への不信が高まった。農民の反政府運動を野党が扇動し、州と国との対立が続いた。

ヒンドゥー至上主義団体出身のモディ首相は、イスラム教徒への弾圧とも受け止められる厳しい対応をとり続けており、様々な宗教を抱える多民族国家のインドは静かに民族・宗教間の緊張が高まり始めている。国家体制の否定や安全保障上の脅威になる恐れがあるいかなる分離・独立運動も認めることはできない。

中国を抜き人口世界首位に躍り出たインドは、経済規模でもドイツ、日本を追い抜き、世界3位に浮上する。その影響力は印僑ネットワークによって国際関係まで左右する力を持っている。それは同時にインド国内の長年の対立の火種がグローバル化するということでもある。

ヒンドゥー・ナショナリズム

ターバン姿のシク教徒の存在はインド国外でも目にすることが多いが、インド国内でなければ感じ取る機会が少ないのがヒンドゥー教徒の動向だ。

２０２４年の総選挙でインド人民党が勝利した最大の理由はモディ首相の人気にある。国民会議派の時代に停滞していた貧しい国インドを、斬新な経済改革や大胆な国土開発で新興国に作り替え、国際社会での存在感を向上させた。新型コロナウイルスの感染拡大の危機の際も支持率は高水準を維持し、むしろ国民団結の機会として乗り切った。

政治的に不安定だったインドをまとめてきたモディ首相の求心力の核にあるのがヒンドゥー・ナショナリズムである。インド亜大陸に特有のヒンドゥー教に基づく政治思想で、イスラム原理主義とちがって地域的影響範囲が限定されている。「ヒンドゥトヴァ」「ヒンドゥー至上主義」と呼ばれることもあるが、「ヒンドゥー民族主義」というと植民地英領インド帝国への反発やイギリスとの武装闘争、さらに非暴力・不服従までを広く含み、同じ「ヒンドゥー」という言葉が含まれていても、ヒンドゥー教の神々を崇拝するものとは限らない。

現在のヒンドゥー・ナショナリズムは、一部過激とも思われる狂信的な信者の動きと、インドのアイデンティティーとしての本質的な部分が混在する形で、微妙なバランスを保っている。このため宗教と政治との境目が曖昧で、ときに思わぬ炎上事件が起きることがある。2020年に新型コロナウイルスが感染拡大した際には、インド人民党の政治家の中から、イスラム教徒がウイルスを利用して「コロナジハード（聖戦）」を仕掛けているとの主張もあった。

このヒンドゥー・ナショナリズムを掲げる団体が民族義勇団（RSS）で、最大の政党が総選挙で勝利したインド人民党である。ヒンドゥー至上主義者の中には、マハトマ・ガンディーがイスラム教徒との共存を唱えたことから、ガンディーを「売国奴」と非難したり、ガンディーを暗殺した人物を英雄視するなど過激な言動を行うメンバーがいる。その民族義勇団の元活動家としてかつてアメリカから入国禁止の措置を取られていたのが現在のモディ首相だ。

ヒンドゥー教は7世紀頃に南インドから拡大したバクティ運動を中心に、伝統的な宗教儀式を否定しながら、旧来のバラモン教に対抗して勢力を伸ばした。インドはその後のイスラム化の時代にヒンドゥー教への厳しい弾圧政策によって、ヒンドゥー教徒の意識が高まったとされる。この中にはシヴァージーによるマラーター王国建国やラージプートの抵抗がある。こうしたイスラム教勢力に対する抵抗運動は、ムガル帝国が滅んだあとは大英帝国への抵抗運動へとベクトルの向かう先を変え、植民地支配からの独立を勝ち取る。

こうした経緯から、ヒンドゥー・ナショナリズムという時には、ヒンドゥー教を中心とする国という意味と同時に、失いかけていたインドの自画像の再発見という意味がある。それをわかりやすい形で体現してくれたところにモディ首相の人気の理由がある。

2024年の総選挙でのインド人民党の勝利はモディ政権への信任投票ともいえる。しかしここで問題になるのが、この「信任」はヒンドゥー・ナショナリズムが国を率いることへの合意なのか、モディ首相個人の人気によるものなのかが不明確だという点だ。そこで今後のインドの長期的な将来を展望する上で注目されているのが、モディ首相の後継問題である。

インド人民党の政治家で注目される一人が、モディ首相のグジャラート州首相時代から側近として知られるアミット・シャー内相だ。2014年の総選挙では、インド人民党の選挙参謀として活躍しモディ政権を誕生させた立役者だ。インド人民党の総裁(2014—2020年)を経て、モディ政権2期目の2019年からは内相としてイスラム教徒に差別的な国籍法の改正や、イスラム教徒が多い北部カシミール地方の特権を廃止して連邦直轄地に併合する政策に関わってきた。

シャーは59歳で、インド人民党とその友党の集まりである国民民主連合の議長をしている。過激な言動もあり、2014年、選挙管理委員会は、宗教的感情や信念を憤慨させるスピーチを理由に、シャーが公共の行進、集会を行うことを禁止したこともある。

もう一人の有力な後継候補者はヒンドゥー聖職者から政界へ進出した人物だ。ウッタル・プラデーシュ州首相でヒンドゥー聖職者のヨギ・アディティヤナートは、2017年3月にモディ首相の指名でウッタル・プラデーシュ州首相に就任した。ヒンドゥー教の僧侶でオレンジ色の袈裟がトレードマークになっている。聖職者の姿をしているがビジネス通でもあり、投資を呼び込み産業インフラの整備で成果を上げている。新興財閥のリライアンス・インダストリーズのムケシュ・アンバニ会長も高く評価している。

ヨギは、ヒンドゥー教徒が神聖視する牛の食肉販売に強く反対し、イスラム教徒がヒンドゥー教徒の配偶者を改宗させる「ラブジハード（愛による聖戦）」を厳しく批判してきた。ヒンドゥー教徒の強硬派によって破壊されたウッタル・プラデーシュ州アヨーディヤのモスク跡地に、ラーマ神を祭った巨大ヒンドゥー寺院を建設した。この寺院はヒンドゥー教徒とイスラム教徒が帰属をめぐって争ってきたもので、2024年1月、総選挙を前にヒンドゥー教寺院の落成式典が大々的に行われた。インド人民党にとっての長年の公約で、アヨーディア選挙区では振るわなかったが総選挙でのモディ政権の実績にもなった。モディ首相は「前例のない忍耐、無数の犠牲があった」と寺院建立を称えた。

このほかヨギは、準自警団の結成を命じて牛の密輸を全面禁止し、多くの食肉処理場の閉鎖を命令した。国政の経験がなく外交についての考え方もわからないが、1998年に26歳で下院議員に最年少で当選して以来、ゴラクプールから5期連続で下院議員を務めている。モディ首相も一目を置く存在だ。

インド人民党の指導者としては、党長老のL・K・アドバニ元副首相らが引退し、有力女性閣僚として知られたスシュマ・スワラジ元外相が死去。南部カルナータカ州の元州首相のB・S・イエデュラッパも高齢で第一線を退いた。ラージナート・シン国防相をはじめ主要閣僚の大部分がモディ派で党内基盤は固く、

アミット・シャー内相
NurPhoto / NurPhoto：ゲッティイメージズ提供

ヨギ・アディティヤナート ウッタル・プラデーシュ州首相
NurPhoto / NurPhoto：ゲッティイメージズ提供

首相府に権限を集中させるモディ体制はまだまだ続くだろう。モディに対抗できる野党勢力も弱く後継者となる可能性がある人物もモディの指導力の下にある状況の中で、ヒンドゥー・ナショナリズムは、今後も宗教としてのインドにおける求心力の中心として、その地位を失わないまま、現実の国内政治や国際情勢の中でその見える姿を変えていくことになるだろう。

初出）本章は、以下を大幅に加筆修正した。

『宗教問題44：宗教法人が亡びるとき アジア宗教事件簿』
範囲：P97―P101 特集「カナダで殺害されたシーク教徒をインド政府が恐れていた理由」2023年12月15日（合同会社宗教問題）

『宗教問題46：宗教法人が亡びるとき アジア宗教事件簿』
範囲：P78―P80 特集「総選挙で与党を勝たせたヒンドゥー至上主義」2024年6月21日（合同会社宗教問題）

第5章

中国との「国境の争い」

チェンナイ会談

2019年10月11日、南インドのチェンナイの国際空港で、専用機から降りたつ習近平国家主席を出迎えたのは、タミルナドゥ州発祥の古典舞踊のバラタナティヤム。足を外輪に開き、膝を折って腰から下がひし形のようになるポーズで歯切れのよいステップを踏む。足首に鈴をたくさんつけて指先と顔や目の動きでダイナミックに感情を表現する。チンジャラとにぎやかな音の中、タミルナドゥ州知事、州首相らの歓迎を受け、インディアンダンスの列の前を五星紅旗を掲げた公用車がゆっくりと進んだ。

インドを訪問した習主席はモディ首相との「非公式」会談で「タミルナドゥは古代のシルクロードで海上交通の経由地だった」とかつてのインドと中国の交易の歴史を強調した。米中の貿易紛争が過熱する中「一帯一路」と距離を置くインドを少しでも引き寄せたい。モディ首相は「印中は重要な新興経済国だ」と応じ、

中国の習近平国家主席とモディ首相

Bloomberg / Bloomberg：ゲッティイメージズ提供

6世紀以降に東西交易の拠点だったマハーバリプラムの寺院を案内した。高齢の二人だが、白シャツ姿は暑い中を駆け回るエネルギッシュな経営者のように見えた。

この章では、インドと中国のせめぎ合いについて、近年の主な動きを振り返った上で、両国が物理的な国境だけではなく、グローバルサウスをめぐり双方とも大国としての影響力を広げている現状の意味を考えていくことにしたい。そしてインドに拠点を置くチベット亡命政府の動向も両国の関係を考える上で重要な要素であることも改めて確認しておきたい。

チェンナイ会議の前年の2018年4月28日。二人は中国の武漢で非公式に会談している。中印国境地帯で両国軍が対峙する事態を受けて関係の安定化を図った。武漢は毛沢東ゆかりの地だ。両首脳は船上でお茶を飲み友好ムードを演出し、関係強化で一致した。武漢は中国が進める現代版シルクロード経済圏構想「一帯一路」の要所の一つで、「一帯一路」建設でインドに協力を働きかけることで、対中国を念頭にインドとの連携強化に動く日米をけん制した。

前年の2017年6月16日。中国はブータンのドグラム地域で道路建設を開始した。ブータンの後ろ盾になっているインドが介入し、両軍の睨み合いが続いた。1962年の中印国境紛争の原因となったヒマラヤの国境問題が再燃した。

武漢非公式首脳会談では、中印関係の適切な管理が「アジアの世紀」の前提条件となることを確認した上で、国境問題の管理では、国境地帯での偶発事態を防ぐべく、両国軍間の信頼醸成や予測可能性を高めるための戦略的ガイダンスを設けた。二国間の貿易と投資を、均衡的で持続可能なやり方で前進させることで合意し、文化的、人的交流の促進も進めることになった。そして、気候変動、持続可能な発展、食料の安全、感染症との戦い、テロ対策などのグローバルな問題で両国は協力する。ドグラムの問題の火消しに一応は成功した形になった。

チェンナイ会談は、それに続くもので、両国は貿易や投資などの分野で関係を深めることで一致した。中国がインドに近づくのには理由がある。当時のトランプ米大統領が進める米中貿易戦争の中で、巨額の貿易黒字を得ているインドとの関係強化は、背後の守りになる。インドと中国の貿易総額もインド側の貿易赤字も膨らんでいた。

中国とインドは様々な対立点を抱えている。中国は、インドが求める原子力供給国グループ（NSG）への参加や、パキスタンに拠点を置くイスラム過激派のリーダーのテロリスト指定に反対してきた。インドのアルナチャル・プラデーシュ州の領有を主張し、パキスタンへの支援を続けている。モディ首相がジャム・カシミール州の自治権をはく奪したことも非難した。

中印間の緊張要因は、国境問題だけではない。中国の巨大経済圏「一帯一路」構想の影響も大きい。「一帯一路」のうち「一路」に当たる「海洋シルクロード」は、インド洋を舞台にしている。スリランカやモルディブへの進出など、中国のインド洋での海軍強化につながる動きはインドに強い警戒感を与えている。「一帯一路」にはパキスタンが含まれ、カシミール地方をめぐって常に一触即発の状態にある中で、「一帯一路」の主要構成要素と位置づけられる「中国パキスタン経済回廊」がカシミール地方を通過する。インドが「一帯一路」に参加しないのはこうした国家主権の問題があるからだ。

武漢会談の直前の4月24日に北京で開催された上海協力機構外相理事会のコミュニケで、参加国中唯一インドは「一帯一路」への支持を表明しなかった。インドが中国の「一帯一路」に参加していないのは、経済主導で政治や安全保障の主権を脅かされるのを徹底して嫌っているからである。スリランカ、パキスタン、モルディブなど、インド周辺地域への中国の進出が急速に進む中、本国のインドが中国に近づきすぎることには慎重にならざるを得ない。武漢での会談後の5月11日にはモディ首相が、親中派が政権の座についていたネパールを訪問して関係強化を図った。「一帯一路」にはネパールも含まれている。インドはアメリカ、日本、オーストラリアとの4か国戦略対話をスタートさせ、けん制の道具に使っている。

45年ぶりの死者

インドと中国の間は、軍事的に直接衝突する緊張が世界的な関心事になっている。ただし、その現場はヒマラヤ山系の人がほとんど住まない僻地で、そこで実際に何が起きているのか情報が少ない。国境問題の曖昧さは、これまで危機を回避する問題の「棚上げ」という意味で、両者にとって都合の良いものでもあったが、今は一触即発の対立の火種で、不安定要因としての大きな懸念材料となっている。

両国の係争地域は西、中、東部の三つがある。三つの係争地とネパール、ブータンが鎖のようにつながる形でヒマラヤ山系に沿って伸びている西部はいわゆるカシミールの紛争地域。中部と東部では、マクマホンラインを国境とするインドと、これを認めないとする中国の主張が対立している。マクマホンラインは、1914年のシムラ条約でチベットとイギリス領インド帝国の間で取り決められた国境線のことだ。イギリス領インド帝国の外務大臣で、交渉の全権代表を務めたヘンリー・マクマホン卿の名前から付けられている。

2020年に中印国境紛争が大きく再燃した。ドグラム危機の後、武漢会談、チェンナイ会談と一応は両者が矛を収めた形になっていたのだが、国境の厳しい緊張関係が続いていることが顕在化しただけでなく、ひとつの自制の線を超えてしまった。

2020年6月、インド北部ラダック地方にある中国との係争地域で中印両軍が衝突し、インド軍の20人が死亡、中国軍も死傷者を出した。両軍は5月から実効支配線付近でにらみ合い小競り合いを続け、兵士の増強が行われていた。インドが実効支配するシッキム州及びラダック州の実効支配線付近で中印両軍の部隊が対峙し殴り合う事件が発生した。中印両国の間で再び緊張が高まったものの後述する1993年の協定があるため武器を使わず殴り合うに留まっていた。しかし6月15日にラダック州のガルワン渓谷の足場の悪いところで両軍の部隊が激しく衝突することになった。両国とも互いに相手国の協定違反を非難した。両国の衝突で死者が出たのは1975年以来、45年ぶりだった。両国とも領土問題で譲歩することは決してできない。緊張が高まり、この紛争はインドのアメリカへの接近を加速することになった。

中国とインドの国境は東西に約3500キロ続いている。日本の北端の択捉島から西端の与那国島までが約3300キロなので相当長い距離になる。国境地域の多くは標高が高くヒマラヤ山脈が連なる人気の少ない山岳地帯だ。このヒマラヤ山脈の近づき難さが中国側とインド側の大規模な直接衝突を防ぐ緩衝地帯となってきた。自然の要害が国境の壁となってきた。

ところが1950年代に中国がチベットを自治区として組み込んだため、中国とインドは直接的に国境を接するようになり、中印両軍が衝突して死傷者が生じる事件が断続的に発生するようになった。そして1962年に大規模な戦闘となり中国が大勝利、インドの外交も大きく変化することになった。1993年、中印は大規模な軍事衝突を防ぐために暫定的な国境である実効支配線（Line of Actual Control）の管理についての協定を締結し、銃や火砲などの火器を用いた戦闘はほとんど発生しなくなった。こうした中で2020年に起きた中印衝突はかつての国境紛争とは異なる様相を示していた。両国とも世界の大国となり、インドは核保有国となっていた。

衝突後、インドでは中国製品のボイコット・キャンペーンが始まり、インド政府はアリババ、テンセント、バイドゥ、バイトダンスといった中国企業が開発、運営するアプリを含む200以上の中国製アプリの国内での使用を禁止した。

ダラムサラにて

現在の中国とインドとの間の国境紛争は、両者の間に位置するチベットを中国が併合したことによって、インドと中国が直接国境を接することになってしまったことにはじまるとされる。それ故、チベットの帰属が国境問題を理解する上で重要なポイントになる。しかしチベットの境界は曖昧だ。チベットは、いわゆる西洋民主主義を基盤とする近代国家のルールではない別の体系をもとに存在してきているので、国際法や国家主権といった一般的な統治の概念とは相性が悪い。もともと自然の要害で、共同体のあり方や人々の暮らしは都市部とも農耕地帯とも異なる。

チベット問題は、チベット人が中国からの独立や高度な自治を求め、中国との間で緊張が続いている紛争である。チベット人はチベット仏教に基づく独自の政教一致の文化を持っている。僧侶が中国に対する抵抗を示すために焼身自殺をしたり、宗教弾圧が人権問題として国際問題になってきた。

1959年のチベット侵攻で人民解放軍は旧チベット政府軍と武装した住民を制圧し、チベット仏教の宗教指導者ダライ・ラマ14世は山を越えてインド北部に脱出しダラムサラに亡命政府を設けた。

2008年3月のラサでの騒乱当時、筆者は大阪放送局報道部のデスクとして取材をしていた。チベット仏教の僧侶たちによる宗教弾圧に対する抗議デモがきっかけだった。暴徒化したチベット人が漢人や回族の商店を襲撃。自治区外のチベット人地区にも飛び火し、一気に国際的な関心を集めることになった。チベット亡命政府は死者、負傷者、拘束者が多数に及んでいると発表した。亡命政府は中国のチベット統治に対し不服従を表明している。チベット人は自らを中華世界の一員だとは考えていないところに問題の難しさがある。

1935年生まれのダライ・ラマ14世は、2011年に政治指導者として引退を希望すると表明し、チベットの「象徴」となった。中国との付き合いの長い現在のダライ・ラマ体制が崩壊すれば、チベットと中国の対立の構図はより先鋭になりかねない。亡命政権をインドが今後どのような「客人」として扱うのかも、対応次第では不安定さを加速する要因になる。心配なのはダライ・ラマ14世自身の後継問題である。

ＮＨＫの記者として駐在していた際にインド北部ダラムサラのチベット亡命政権の拠点に取材に行くことになった。中国にとってダライ・ラマは危険な存在なので、その主義主張や考え方を放送することは非常に気を使う。チベット亡命政府の事務所の小さな部屋でダライ・ラマを数人の記者で囲んだ。ダライ・ラマは非常に元気に溢れる人であった。当初、チベット仏教僧がなぜあのような黒縁メガネをかけているのだろうかと不思議に思っていた。実際に会ってみると、黒縁メガネに違和感があるのではなくて、ダライ・ラマのことを、超人的な宗教存在であるように思い込んでいた前提自体が間違っていたことに気づいた。ダライ・ラマは見たところ、全く普通のよくしゃべるおじさんである。そのことが活仏の活仏たる所以《ゆえん》ということなのだろう。

記者団とは言ってもニューデリーに駐在している記者は数人だったので、小さなテーブルを囲んでの座談会のような感じになった。ダライ・ラマは筆者のほうに何度か視線を送っていたので、何か質問をしようかと思ったが、何を聞いて良いのか絞りきれずに会見の時間が終わってしまった。そのままその場を立ち去ろうとした時のことである。背中をポンポンと叩く人がいる。振り返るとそれはダライ・ラマであった。至近距離でのアイコンタクト。私が口を開こうとした時、こんなふうに話しかけてきた。「あなたは記者会見の最中にずっと何かを言いたそうにしていましたね」。完全に心の中を見透かされていた。

中国の弾圧から逃れ、インド北部で亡命生活を続ける、チベット仏教の最高指導者、ダライ・ラマは89歳。90歳で後継者選びをめぐる重要な判断を行うとしている。中国はダライ・ラマについて独立を目指す「分裂主義者」だと批判し、後継者を選ぶ権限は中国側にあると主張している。ダラムサラの寺院では長寿を祈る法要も行われ5000人以上のチベット仏教信者が集まった。ダライ・ラマは両脇を支えられながら歩いていた。

グローバルサウスへの影響力

インドの中国との国境争いは主にインドの北部側がその舞台となってきた。ところが近年、中国との緊張は北だけではなく南でも動きが激しい。中国のグローバルサウスへの関与は、インドのものと異なる。人道援助については開発援助にインフラを含むという「禁じ手」を使って関係を強化してきた。返済能力とガバナンス、汚職などを考慮せずに行われた支援は、「債務の罠」との非難を集めることになった。多国間ルールが不在のまま、一帯一路は見直し、強化、立て直しを迫られている。

「強国」習近平の世界戦略で、イランとサウジアラビアの関係正常化を仲介したこともこの延長上にある。中国が描く新秩序とグローバルサウスの当事者との意識のズレにインドは着目しているように思う。中国は自身について途上国と主要国の立場を巧みに使い分けている。その中国をインドはG20サミットに招待しなかった。近隣国への「縄張り荒らし」をしている中国の代わりを演じるのはインドしかないという。地域リーダーとしての地位向上をめざすインド。それも米中対立の中で許されるわがままといえるかもしれない。敵を持たないインドは、世界全体を見渡す有利な立ち位置にいる。

インドにとっては周辺国のスリランカ、パキスタン、バングラデシュが、中国による「債務の罠」の脅威にさらされ、安全保障上の問題にもなる。インドには中国のような「札束外交」ができる程の経済力はなく、苦しむ国の声を代弁する役割を担おうとしていた。

グローバルサウスは、かつての冷戦時代の「第三世界」という言葉が進化した呼び名である。第三世界は、第二次世界大戦終結後に欧米諸国の植民地支配から離脱して独立したアジア、アフリカ諸国、およびラテンアメリカ諸国をさす。経済発展で困難を抱えることが共通点で、もともと発展途上の国々をフランス革命時の第三身分になぞらえた言い方だ。その規模は大きく、国家数で100を超え、総面積、総人口とも全地球の約4分の3を占める。アジア、アフリカ、ラテンアメリカ諸国の有効な総称用語として使用されてきた。今はグローバルサウスと名を変え、その意味するところも異なってきた。「第三世界」＝「主役ではない国々の集まり」から変わり、主役を担うほどの影響力を持ち始めた国々の集まりだ。中国、インド、ロシア、東南アジアといった国々の新興国としての台頭はかつて、アメリカやヨーロッパの大西洋地域からアジアへ主軸が移動するということでグレートシフトイーストと呼ばれた。その潮流が今度は南に進路を変え、「シフトイースト」から「シフトサウス」へと変化しているのである。

ウクライナ問題をめぐっては、ロシアに関する国連総会決議で「棄権」に回る国が多かった。グローバルサウスの国々は、ウクライナ危機で、食糧・エネルギー危機の影響を大きく受けているが、その責任の所在がロシアにあるのかどうかよりは、むしろ自国の経済を守り、中長期的で実質的な損失を最小限に抑えるためにどうすればよいのかを考えて国の立場を決めている。ロシアのウクライナ侵攻後の2月の国連総会で、ロシア軍の即時撤退とウクライナでの永続的な平和などを求める決議案の採択が行われたが、32か国が棄権。棄権したのは、インド、南アフリカなどほとんどの国がグローバルサウスに属していた。国連総会決議は拘束力がないため、ロシアに恨まれるくらいなら棄権した方が無難ということに落ち着いたものと思われる。ヨーロッパ各国は今の新興国・途上国をかつて植民地支配してきた。民主主義や法の支配といった「理念」や「正義」を振りかざして、グローバルサウスを納得させるのは容易なことではない。

グローバルサウスが注目される理由は、新型コロナウイルス感染症の拡大、気候変動、テロ、ウクライナ危機など、先進国だけでは解決できない問題が山積しているからだ。サプライチェーンも、これまでは賃金格差の利点を生かし工場進出していたが、新興国のハイテク拠点が技術を逆輸出する例も増えている。

コロナ禍ついては、最初に感染が広がった中国はプラス成長を維持したのに対し、インドはロックダウンで大きな経済的な打撃を受け明暗が分かれたが、外交面では中国がアフリカ諸国などに医療物資などを提供する「マスク外交」を展開したあと、インドは中国が影響力を増す近隣周辺国を中心にワクチンを提供する「ワクチン外交」を行った。ジェネリック薬など製薬の技術力があるインドは自国産のワクチンの開発にも成功している。グローバル・ヘルスの分野でも両国の競争は激しさを増している。

インドの成長が伸びているうちは、グローバルサウスのけん引役を務めるには適役だろう。インド政府としては、中国に代わり得るアジアの盟主と強調したり、あるいは国際的地位を高めるためにグローバルサウスの概念は使いやすい。

インドが抱える中国との「国境争い」は北と南の両面作戦だ。北は山岳地帯での二国間の厳しいにらみ合いである。南は「サウス」で、これは両国間の実際の国境ではない。インドでも中国でもないグローバルサウスの国々に対し、どちらの国が影響力を強く及ぼすことになるのか。北も南も見えないところでの戦いが続いている。

第6章

ロシアとの「連帯」

ウクライナ危機

軍事力を背景にした国際場裏でのプレーヤーとしての実力や影響力を比較した場合、インドとロシアの勝敗はロシアの方に軍配が上がるだろう。ロシアはインドへの軍事支援を行っており、核開発の協力も行ってきた。ロシアとインドは軍事面ではまだまだ上下の関係にある。しかし、インドもロシアと同じように核兵器を持ち、南アジアの国を中心に地域連合のリーダーとしての主導的な立場になってきた点などを見ると、ロシアと肩を並べる強い国に変わってきていることも事実だ。そして、モディはプーチンのように強いカリスマ性を持った指導者でもある。この章では、二つの国の軍事力を比較するよりも、二つの国の軍事的「連帯」に焦点を当てようと思う。今のインドを知るためにはロシアとの関係を押さえておくことが必須だからだ。

インドは、国連安全保障理事会に提出されたロシアのウクライナ侵攻を非難する決議案の採択で、15か国中、11か国が非難決議に賛成し、ロシアが孤立する中、中国などとともに棄権に回った。これはロシアから見れば友好的な国に見えただろう。一方で日本はロシア政府から「非友好的な国」とされた。アメリカ、イギリス、EUの加盟国、韓国や台湾などとともにロシアからはっきりと距離を置かれる存在になった。このような違いがなぜ生まれるのか。インドとロシアとの間にあるつながりを考える。

第一はインドとロシアとの軍事的な結びつきだ。ロシアはインドにとっての最大の武器調達国。空母「ヴィクラマディティヤ」はロシア海軍から譲り受けたものを改装、超音速巡航ミサイル「ブラモス」はロシアと共同開発、そしてロシア製地対空ミサイル「S400」はウクライナ侵攻の3か月前の2021年11月にインドへの供給が始まった。中国やパキスタンと国境紛争を抱えるインドにとってロシアは、国土への侵入を防ぐための高性能な兵器や装備を、弾薬や部品とともに提供し、保守やシステムの更新まで行ってくれるありがたい存在だ。古くは

1965年の第二次印パ戦争で、アメリカがパキスタンに戦闘機F104を供与したのに対し、ソ連はインドにミグ21を提供している。その関係は今も続いており、ウクライナ侵攻を間近にした2021年12月にニューデリーで行われた首脳会談では今後10年間の軍事技術協力や兵器の共同生産に合意している。インドは防衛装備の調達先をヨーロッパやアメリカに多国籍化してきており、ロシアもパキスタンへの武器売却に動いているが、核保有国としての両国の共感や、長年の武器取引の信頼にもとづく結束は決して甘くみるべきものではない。

独裁に近い体制のプーチン大統領は有事の対応が必要なため外遊をほとんどしない。首脳会議はそうした中での異例のニューデリー訪問だった。新型コロナウイルスの感染が拡大して以降、2年間でプーチン大統領が外国に出たのは、2021年6月にスイスで行われたバイデン大統領との会談、2022年2月の北京冬季五輪開会式出席を除けば、この時のインドしかなかった。それほどインドはロシアにとって重要な国なのだ。

インドがソ連（ロシア）と密接な関係を築くきっかけになったのは、1962年の中印国境紛争での敗戦とその翌々年の中国の核実験だ。国産の武器を作る力がなかったインドに、ソ連の武器が流れ込んでいった。武器の調達だけではない。1998年、インド人民党が核実験を強行するとロシアはインドを強くは非難せず、アメリカや日本などが科した経済制裁の列に加わらなかった。筆者がデリーに駐在していた2000年、インドにアメリカのクリントン大統領と、大統領に当選したばかりのプーチンが相次いで訪問した。新興国としての存在感を強めていたインドと「戦略的パートナーシップ」を結んだプーチン大統領は、インドと商業用原子炉輸出契約を結んだ。核技術の分野でソ連時代と同様にロシアがインドに深く関与する姿勢を示し、その証としてインドの核実験後、中国も供給を停止していたインドのタラプル原子力発電所への燃料供給を発表した。これは単なる燃料の提供ではなく、核実験の制裁で孤立していたインドを救いいち早く事実上の「核保有国」として特別な地位を承認するという意味があった。

二つの社会主義国家

印ロの紐帯の第二の要素は、経済だ。インドとロシアの貿易は決して大きなものではないが歴史を振り返ると戦略的な関係であることがわかる。冷戦時代に社会主義の経済体制をとっていたインドの製品は品質が悪く国際競争力を持たなかった。ソ連はそのインド製品を購入して武器を調達する資金を提供した。ルピー建ての取引で売られる一次産品や軽工業品と交換する形で武器を調達することができたのだ。

戦後の印ソ関係は経済援助から始まった。1956年のインドの第2次5か年計画では、ソ連が製鉄所建設を援助した。重厚長大の社会主義的な国家主導の産業育成は、民間主導の西側の援助とは異なる意味でインドにとっては有益なものであった。

インドは1968年ごろから外貨不足に対して輸出入均衡化政策をとり始め、

非同盟のユーゴスラビアとエジプトのほか、東側諸国との貿易を拡大した。ソ連や東欧諸国で不足していた軽工業品を供給することでインドの自給的経済体制が可能になった。輸出品を買ってくれる東側の国々の選択は東西のイデオロギー的選択ではなく売り手と顧客との関係に近いものであった。

第四次中東戦争が勃発し石油ショックが訪れると、1971年に印ソ平和友好協力条約を結んでいたソ連はルピー建てでソ連産原油をインドに供給した。インドは日本と同じように化石燃料に乏しい。原油の動向がインフレと直結し政権の支持率にもすぐ跳ね返る。イランや中東諸国だけでなくエネルギーを提供してくれる国としてのロシアの存在は重要だ。

そしてソ連の崩壊はインドを経済開放へと向かわせた。1993年にはエリツィン大統領が初めて訪印し新しい経済関係を模索し始める。インドからロシア向けの輸出は紅茶やタバコなど伝統的な輸出商品に限られていたが、2019年9月、プーチン大統領とモディ首相はウラジオストクで開かれた経済フォーラムで会談し、両国間の年間貿易額を110億ドルから2025年までに300億ドルに増やす方針を明らかにした。インドはエネルギーに占めるガスの比率を引き上げ、インドのガス輸入会社がロシアから液化天然ガス（LNG）を購入し、インドの石炭生産会社がロシア極東で石炭採掘に乗り出すことになるなど、エネルギー分野での関係を強化した。

地域間の協力も具体化した。2001年のバジパイ首相の訪ロ時にインドのグジャラート州とロシアのカスピ海沿岸アストラハン地方との協力議定書が調印されたが、2002年にも地方レベルの協力関係強化策としてインドのカルナータカ州とロシアのサマラ地方との貿易・科学・技術・文化協力議定書が調印されている。

インドは今も憲法上は「社会主義」の国である。かつてインディラ・ガンディー首相は与党インド国民会議派政権の多数派形成のためインド共産党（ソ連派）に支持を求めた。ベトナム戦争からの脱出を図る米ニクソン政権がパキスタンや中国に接近し米中パ枢軸が形成された時代だ。１９６９年、国民会議派が分裂し、インディラ・ガンディー首相派をインド共産党（ソ連派）が支えて政権が維持された。

アフガニスタン侵攻

テロ対策も例外ではない。インドとロシアにはテロの脅威を共有するものとしての連帯がある。テロと分離独立運動が連動する怖さを共有している。インドにとってはカシミール、ロシアにとってはチェチェンなどである。印ロ両国はアフガニスタンのタリバン政権がイスラム過激派戦士の基地となり、カシミールの武装組織やチェチェンでの反政府テロにつながることを懸念している。この二つはアフガニスタンを南北で挟んでいる。デリーで国会議事堂が襲撃された事件もあり、国家の中枢でモスクワが標的になるロシアとの間で過激派対策での連携の必要に迫られている。

１９７９年のソ連のアフガニスタン侵攻は非同盟運動のインドには容認しがたいものだったが、ソ連との関係を重視したインドは翌年の国連緊急特別総会での、アフガニスタンからの即時、無条件、全面撤退を求めた非同盟24か国共同決議を棄権した。ソ連軍のアフガニスタンからの撤退は戦地を求めるムジャヒディンのカシミールへの流入を生んでインドを越境テロの脅威にさらし、アフガニスタンでは親パキスタンのタリバン政権が生まれた。ソ連のアフガン侵攻はインド側からすると不利益以外の何ものでもなかった。

しかしインド側からするとソ連にも借りがある。１９７１年の第三次印パ戦争の時、ソ連は、インドの軍事行動をやめさせようとする決議に拒否権を行使した。第三次印パ戦争では、アメリカがパキスタンを支援し米中パの連携が形作られる中、ソ連はインドの側に立った。１９７１年といえば、印ソ平和友好協力条約が結ばれた年である。対立する隣国パキスタンと中国との接近にも危機感を抱いたインドはソ連と平和友好協力条約を結び、非同盟を名乗りながらもソ連とは第三国からの攻撃や脅威に関して相互に協議するという同盟に近い関係となった。

孤独な指導者同士

プーチン大統領とモディ首相には、権威主義的な長期カリスマ政権としての共通点がある。プーチン大統領は2021年11月の外交演説でインドを「多極世界の中で独立し、強固な中心の一つ」としている。インドは途上国民主主義の悪弊で長期安定政権を築きにくいが、モディ政権は支持率も高く15年の長期政権になる見通しだ。コロナ禍の中もむしろ苦境を政権支持、合意形成の場に巧みに用いた。

ただ、国内的には強い指導者であっても国際社会での地位はまだ十分に高くない。G7の場面でゲストとして発言してもまだまだ客人扱いという面がある。民

ロシアのプーチン大統領とモディ首相
Bloomberg / Bloomberg：ゲッティイメージズ提供

主主義や人権などの西側先進国の価値外交の中では存在感を示しているとはいえないだろう。しかしBRICSや、上海協力機構（SCO）といった新しい多国間の枠組みでは、自らの指導力を発揮できる。ロシアはインドの国連安全保障理事会常任理事国入りを支持している。

安保理常任理事国入りを目指す大国インド。冷戦期とは異なり、インドは経済力ではロシアをすでに上回りパワーバランスの地図も塗り替わっている。前述のようにインドは防衛装備の調達先をヨーロッパやアメリカに多国籍化してきており、ロシアもパキスタンへの武器売却に動いている。孤立を深めるロシアが中国への依存を強めすぎることになるのも、中国と国境紛争を抱えるインドとしては心配なところだ。

ウクライナ侵攻への態度表明を棄権するのは、インドにとっては領土保全と主権を大義に中国に対抗する理屈を失うことにもなりかねない。アメリカもロシアと結ぶインドを黙認してきたのはあくまで中国の対抗勢力としての位置づけがあってのことだ。インドはマンモハン・シン前首相が2007年、非同盟や全方位外交を包含する概念として「戦略的自律」を打ち出した。アメリカに接近はするものの自国の外交の自律性は崩さないと内外に宣言した。そして「非同盟2・0」で大国をめざす方向性が示された。その内実はインドの国益にかなった二国間の連携を個別に深めることに他ならない。古い印ソ関係への回帰ではなく、経済的なグローバル化を交えた地域大国としての戦略的選択をインドは模索している。

西にも広がる外交

モディ首相は2024年7月モスクワを訪問しプーチン大統領と会談。共同声明では経済協力強化で一致し、ロシア極東・北極圏地域とインドとの貿易額を増やすことなどが掲げられた。この時、ロシアはウクライナの首都キーウの小児病院などへミサイル攻撃を行っていたため、ウクライナのゼレンスキー大統領はモディとプーチンがいつものようにハグをしたことを非難した。そのウクライナに翌月の8月、モディが1992年に国交を樹立して以来、インドの首相として初めての訪問を行った。モディは広島G7サミットの際にもゼレンスキーと会談しているが「できることはする」というのが基本姿勢だ。裏を返せば、できないことまでやれるかは条件と情勢次第だ、ともいえる。ロシアとの関係を深める現実外交を続けるインドであるにも関わらずゼレンスキーはインドを少しでもウクライナ側に引き付けたい。インドは和平の仲介をするわけではないがウクライナを敵にするつもりもない、という意味で、ここでもキャスティングボートをにぎる外交を繰り広げている。ウクライナ訪問の前に立ち寄ったポーランドも45年ぶりのものでソ連からNATOにシフトしたポーランドの経験から学ぶ意図があったであろう。こうした積極姿勢の背景のひとつには、中央アジアや東ヨーロッパにまで、影響力を広げはじめているインド外交がある。

インドは中央アジア諸国と関係強化も図っている。化石燃料に乏しいインドは資源が豊富な中央アジア諸国との関係を重要視しており、「TAPI（トルクメニスタン、アフガニスタン、パキスタン、インド）天然ガスパイプライン」構想の構成国にもなっている。タジキスタン、ウズベキスタン、トルクメニスタンの三か国はアフガニスタンと国境を接しているため、アメリカ軍撤退後の地域協力を進める上で重要な存在となっている。モディ首相は2015年にすべての中央アジア諸国を訪問し接近を続けてきた。中国は中央アジア5か国と同様のオンライン形式による国交30周年記念の首脳会議を行っている。2021年暮れにはインド・中央アジア対話の第三回外務大臣会合がニューデリーで開催され、貿易と経済協力を確認した。中央アジア5か国の外相は、モディ首相を表敬訪問し、インド各紙は、2022年のインドの共和国記念日の主賓は中央アジア5か国の首脳になると報じた。

1月26日の共和国記念日はインドの祝日で、1950年のこの日にインド憲法が発布されたことを祝う。8月15日の独立記念日や10月2日のガンディー生誕記念日とともにインド国民にとって最も重要なものとなっている。軍の壮大なパレードが行われる式典には外国の首脳が主賓として招かれることが慣例となっており、式典への招待はインド国外の首脳に贈られる最高の栄誉とされている。2018年には東南アジア諸国連合（ASEAN）10か国の指導者がまとめてゲストとして招待され、インド外交の多極化と地域大国としての影響力の確立を示した。共和国記念日への中央アジア諸国の主賓参加は新型コロナウイルスの感染拡大で見送られたが、インドを含む六か国はオンラインでの首脳会議を記念日の翌日の1月27日に開催し、アフガニスタン問題など広範なテーマについての協力を確認している。

2023年のG20サミットでインドは、南アジアと中東やヨーロッパを結ぶ多国間鉄道・港湾構想を発表した。「インド・中東・欧州経済回廊（IMEC）」に関する覚書がアメリカ、EU、サウジアラビア、アラブ首長国連邦（UAE）などによって署名された。アメリカが中国主導の巨大経済圏構想「一帯一路」に対抗させようとしたものだ。鉄道と港でインドと接続し輸送時間や燃料コストを削減し、インドとアラビア湾、アラビア湾とヨーロッパを結ぶ。いずれの国も敵に回さず、低コストの軍事のハイテク化を実現し、インフラ開発を自国の利益につなげることができるのか、インドの外交の目は日本や中国がある「東」、グローバルサウスの「南」だけでなく、ヨーロッパ・ロシア・中東・中央アジアがある「西」にも向いている。

印中ロ

インドでは習近平主席、プーチン大統領と同様に強い指導者による長期政権が続いている。選挙で指導者を選ぶ日本やアメリカは指導者が比較的短期で交代することが多いが、インドは民主主義国であるものの現在のモディ政権が議会での安定多数と高い支持率を維持し、「強い指導者」となっている。ロシアとの間では軍事・エネルギーで古くからの強い結びつきがあり、中央アジアを交えた地域開発でもロシアは敵にはできない関係である。中国との関係においては、アジアの二大大国として利益を共有する場面も多い。インドは欧米諸国との関係を維持しながらも、歴史的に結びつきの強いロシアとの協力は重視している。三国は、協力の度合いを強めているといえる。

インドは南アジア地域協力連合（SAARC）で主導的な役割を果たしているが、より広域の国際場裏ではまだ超大国としての地位を築いたとはいえず、国連や西側先進国の外交の舞台では十分に自国の立場を主張できない場合があり、アジア太平洋経済協力（APEC）にも参加していない。このため上海協力機構、アジアインフラ投資銀行（AIIB）、BRICSの枠組みなど、自国の独自外交を展開できる場での活動を活発化させ、多極化する世界の中で静かに世界潮流のキャスティングボートを握る位置を確実にしていくだろう。

2012年に公開された報告書『非同盟2・0――21世紀におけるインドの外交戦略政策』は、自国の基本対外政策を文書に示さないインドが長期的な外交指針において大国を志向する路線を示したものとして注目された。2014年の総選挙で勝利したインド人民党は、綱領で「卓越したインド」を掲げた。そして2018年のインド独立記念日の式典では、モディ首相が「眠っていた象が起き上がって走り出したことに世界が驚いている」と語った。

1960年代までは非同盟、そしてそれに続く印ソの同盟に近い関係が基軸にあり、1990年代にはソ連の解体を受けインド外交は対米重視にシフトしていった。2000年代に入ると新興経済国がBRICSとして注目を集め、インドの外交もグローバル・プレーヤーとしての大国を意識するものに変化した。植民地からの独立、非同盟、地域大国、超大国へと拡大の一途をたどっている。そうした中でインドとロシアとの関係は国際関係の全体構成を大きく動かす鍵となる重要な変数となっている。

初出）本章は、以下を大幅に加筆修正した。

『月刊インド』２０２２年5月号（日印協会）
ウクライナ危機の中の印露の紐帯
India and Russia's Five ties in Ukrainian crisis

公益財団法人日本国際フォーラム編『ユーラシア・ダイナミズムと日本』（中央公論社）
「大国外交を多面化するインド」の一部を抜粋・再編集

第7章

日本と「文化力」を比較する

『RRR』

2022年3月25日に封切られ、日本で話題を呼んだインド映画『RRR』。ラージャマウリ監督による作品は公開から2年以上の熱狂が続いた。『RRR』は、テルグ語のミュージカルアクション映画で、監督の演出、二人の主演俳優の演技、音楽、VFX、脚本などが高く評価された。挿入歌の『ナートゥ・ナートゥ』はインド映画として初めて第80回ゴールデングローブ賞で主題歌賞、第95回アカデミー賞で歌曲賞を受賞した。日本では2022年10月に公開され、『ムトゥ 踊るマハラジャ』が保持していた記録を塗り替えてインド映画の中で最も高い興行収入を記録した。第46回日本アカデミー賞の優秀外国作品賞も受賞している。

イギリスの植民地支配が続く中、独立運動の機運が高まり始めた頃に、森で育ったゴンド族のビームと、インド人でありながらイギリス警察に忠誠を尽くす

日本で記録的な大ヒットとなったテルグ語映画の『RRR』

『RRR』
2024 年 10 月 21 日　UHD & Blu-ray & DVD リリース
発売・販売：ツイン

ラーマが出会う物語。イギリス領インド帝国で圧政を敷くインド総督がゴンド族の村から少女を強引に連れ去り、部族のビームが少女の救出のためデリーに向かう。デリー近郊では、独立運動家の釈放を求めるデモ隊の大混乱の中、警察官のラーマがデモの首謀者を逮捕する功績を上げるが、イギリス人署長は彼の功績を認めなかった。二人は列車事故の現場で遭遇し、協力して事故に巻き込まれた少年を助け出し二人は親友となる。ところが……というお話である。それぞれに使命があり、厳しい選択を迫られる。「友情か？ 使命か？」の売り文句の通り、わかりやすいストーリーだ。インド映画ならではの歌と踊りの楽しさもある。

特に注目されたのが「ナートゥ・ナートゥ」だ。インドの踊りで、ビームとラーマが西欧のダンスに対抗する。宝塚歌劇が舞台化し2024年1月5日に星組「RRR×TAKA〞R〞AZUKA～√Bheem～（アールアールアール バイ タカラヅカ ～ルートビーム～）」の公演が行われ、スーツ姿のビームとラーマのダンスシーンが見応え十分なものと評判になった。宝塚歌劇といえば、半世紀前にはフランス革命を描いた『ベルサイユのばら』が大ヒットを記録したが、今やインド独立物語を舞台とするようになっている。

『ＲＲＲ』の監督のＳ・Ｓ・ラージャマウリはインド映画がまだ日本で今ほど人気を持っていなかった時代に筆者が作品『マッキー』をＮＨＫのテレビ解説番組で紹介したことがある。ハエ男の物語をインド版にした演出はあまりにも斬新で愉快でインド映画の活力をまざまざと見せつけられた。

『ＲＲＲ』の配役は、ビーム役のＮ・Ｔ・ラーマ・ラオ・ジュニア、ラーマ役のラーム・チャランの他、ボリウッドでも国際的な人気があるアジャイ・デーヴガンや女優のアーリヤー・バットが出演している。日本でインタビューをしたことがあるヒロイン女優のシュリヤ・サランも年齢を重ね、この映画では主人公の母親役として出演していた。

『ＲＲＲ』という映画は日本の中でのインドの大衆化を実現した。日本人のインド観が大きく変わるきっかけとなる重要な作品だと思う。これまでのインドは、インドが特に好きな人の特別なコンテンツだった。ヒンディー語を学んだり、現地でのバックパッカー経験があったりと、いわゆるインド好きの人たちが、映画音楽、ヨガ、アーユルヴェーダなどインド独特の文化を楽しんできた。ハマる人とそうでない人が比較的はっきりと分かれていて、多くの人がインドの魅力にはあまり触れることがないままに終わっていた。それが変わり始めている。その大きなきっかけになったのがこの『RRR』という映画なのだ。

これまでにもインド映画のブームはあったが、その多くは歌って踊るいわゆるボリウッドムービーだった。喜怒哀楽の九つの要素を盛り込んだ娯楽大作、勧善懲悪のヒーローとヒロインが登場するお決まりの設定の映画が多かった。ところがそうしたコテコテのインド映画が再評価されると同時に、歌いも踊りもしない映画が日本で公開されるようになってきた。インドに行く機会がまだまだ少ない日本人にとって映画はインドという国を知る大きな窓口となっている。それだけでなく『RRR』という作品は、さらにその先の深いところのインド理解を進める役割を担い、特にまだインドに対する固定観念を持っていない若い人たちや女性に紹介する形となった。

神話世界の魅力

『ＲＲＲ』が伝えるインドの魅力の第一はインドの神話世界だ。宗教のことはよくわからないと言って遠ざけがちになる日本人に、壮大で歴史ある神話の魅力を直球で放り込んできた。ヒンドゥー教やさらにそれ以前のインドの宗教は、生活の中に溶け込んでいるところが大きな特徴だ。インドの神々のことはインド人でなければ理解できないと思いがちなのだが、八百万（やおよろず）の神々が自分を取り巻いているという意味で、日本の神道と似ているところもある。『ＲＲＲ』はその奥深い魅力の部分を自然な形で日本人に理解させてくれることになった。例えば主人公のラーマが窮地に陥った時に吐く決めゼリフは、ヒンドゥー教の最も重要な聖典『バガヴァッド・ギーター』をもとにしている。神話の中で、従兄弟たちとの戦いに葛藤する主人公に対し、神クリシュナが説いて聞かせた教えの中でも特に有名な一説。心の奥底に深く刺さる啓示のような形で心の奥に染み込んでくる。

「あなたの職務は行為そのものにある。決してその結果にはない。行為の結果を動機としてはいけない」

　普段の生活の中でこんなことを言われたら戸惑ってしまうかもしれない。映画の世界の中だからこそ実現できてしまう本質的なメッセージの伝達だ。そうした現実世界と神話の世界が明確な区別のないままにストーリーが進んでいく。そもそも主人公のラーマという名前は、神様の名前だ。インドでは神様の名前を子供につけることが多い。そして映画の物語のラーマは実在の人物をモデルとしている。イメージ原型は神話の中にあり、モデルとなる人物は実在し、映画の中のお話は完全に想像の産物というもので、信仰と歴史認識とエンターテイメントの微妙なバランスを実現している。

ラーマとは古代インドの伝説上の英雄で、インドの叙事詩『ラーマーヤナ』の主人公だ。ヴィシュヌ神の化身で、魔王ラーバナに恋人のシーターを奪われるが、猿軍の援助を得て激戦の末シーターを取り戻しアヨーディヤの王となる。インド人にとっては王族の理想の人物で、波乱万丈の生涯は古代インドの美的・倫理的理想を代表している。映画の物語の中で、ボリウッド女優のアーリヤー・バットが演じるラーマの恋人役もシーターという名前に設定されている。

ラーマのモデルとなった実在の歴史上の人物は、森にすむ部族民のリーダーであるアッルーリ・シーターラーマ・ラージュだ。植民地支配が続く中で1882年の「マドラス森林法」で焼き畑農業を禁止され不満を募らせていた森の住民の指導者として活躍した。ゲリラ戦術を駆使した武装抵抗活動を主導し、1922年に警察を襲撃して大量の銃や銃弾を確保した一連の反逆は「第二次ランパ蜂起」の名で知られる。映画の中では、弓を引く上半身裸のラーマが森の中で敵と戦うシーンがクライマックスとなる。ヒンドゥー教などのインド人にとっては、慣れ親しんだ神の姿をした主人公が映画の中で活躍しているということにすぎないのだが、インド神話に馴染みのない日本人から見るとこれまでに見たことのないインドの神の姿が無意識のうちに刷り込まれ、深みのあるインド世界にどっぷりと浸るという仕組みになっている。抵抗闘争のために住民が使える大量の武器を確保し蜂起することも映画の大きなモチーフになっている。

反植民地支配

もう一人の主人公のビームもモデルとなっている実在の人物がいる。コムラム・ビームは、ニザーム藩王国の搾取を不満としたゴンド族だ。森林の自治やゴンド族収監者の釈放を求めて1928年に蜂起した。映画の中の主人公のビームは、屈強な戦士であるとともに、薬草知識が豊富な人物として描かれており、親友のラーマを蛇の毒から救うという展開もある。『マハーバーラタ』で英雄として活躍するビーマ王子も想起させる。

「ゴンド」というと聞き覚えがあるかもしれない。日本でも注目を集めているゴンド・アートは、民族に伝わる神話や寓話、森にすむ動植物を主題として描いたインドの民族画だ。モチーフの繊細なパターン模様が人と動物が共存する世界観を構成し、カラフルな生きものたちがユニークな平面形に描かれる。パターン模様も美しい。ポップでモダンな魅力が人気で、日本ではインドの出版社タラブックス社の絵本『夜の木』や『世界のはじまり』で知られるようになった。

『RRR』では、植民地支配から台頭する大国としての現実のインドも強く印象付けられる。イギリス人は徹底的に高慢で横暴に描かれる。「インド人に銃弾を使うのはもったいない」とのインド総督の科白で、セポイの乱（インド大反乱）を想起した人は少なくないだろう。1857年にインドで勃発したセポイの乱で、インド兵（セポイ）はイギリスの植民地支配を打倒するために闘った。ヒンドゥー教徒が神聖視する牛の脂と、イスラム教徒が不浄とみなしている豚の脂がイギリスで導入されたライフル銃の薬包に使われていたことが決起のきっかけになった。薬包を使うためには口で薬包の端を食いちぎって火薬を銃口から流し込まなければならないからだ。宗教的禁忌を強制されて犯すことになる屈辱だ。

反英植民地闘争の歴史は、映画の冒頭の警察施設に民衆が大挙するシーンでも描かれる。民衆はラーラー・ラージパト・ラーイの釈放を要求していた。ラーイはガンディーの非暴力抵抗闘争に加わっていたパンジャブ出身の「インド国民会議派」のメンバーで、解放闘争を主導していた。何度も逮捕されるなど迫害を受け最期はイギリス官憲によって撲殺された。こちらも史実と再現イメージとが混在する独特な世界観を作りだしている。

1915年マハトマ・ガンディーが南アフリカから帰国。イギリスは1917年に第一次世界大戦後のインドの自治を約束する宣言を出したが、戦争が長期化する中で反英闘争が復活し、イギリスはインド支配を強化するため、1918年に令状なしの逮捕などを認めるローラット法を制定。インド民衆の反英闘争は激化した。イギリスが大戦への協力と引き換えに約束していたインドの自治はほとんど実現せず、1919年には、パンジャブ地方のアムリトサルで憤激した民衆が暴動に走った。暴徒が銀行や郵便局に放火し、イギリス人を殺害するという事件が起こった。暴走を抑えようとパンジャブに向かったガンディーが逮捕され、憤激した民衆が抗議をはじめ、イギリス軍は無防備の群衆に発砲し多数の死傷者を出した。

映画の設定となった1920年は、インド人に決定的な反英感情が生まれた時期だ。そうした反英感情は、インドが経済規模で旧宗主国のイギリスを上回り、イギリスの首相にヒンドゥー教徒のスナクが就任した時代だからこそ、同時代的な奇妙なリアリズムがある。

フィクションだから問題はないのだが『RRR』は重要な史実を大きく変えてしまってもいる。まだまだ歴史上は存在し続けていなければならないインド総督が死亡してしまうのだ。病死や事故ではなくビームとラーマによって殺される。インドについての予備知識がない観客が見たとしても『RRR』は全くの娯楽超大作映画として楽しめるが史実を元にした歴史映画でもあることは間違いない。

そのことが示されるのが、映画のエンドロールで唐突に出てくる8人のインドの歴史上の英雄たちの肖像画だ。そのうちの2人を紹介しておこう。

スバース・チャンドラ・ボース。インド国民会議派の有力リーダーで、武力闘争によるインド解放を目指しガンディーと袂を分かった。国外に脱出して、日本と協力し「自由インド仮政府」を樹立し「インド国民軍」の最高司令官を務めた。1944年に日本軍による「インパール作戦」に参加している。インド国内ではこのボースの再評価が進んでいる。ニューデリーの戦没者慰霊碑「インド門」の近くにボースの立像が新たに設置された。インド独立に重要な役割を果たし「ネータージー（指導者）」と敬称で呼ばれ国内での人気は高い。

もう一人はヴァラッブバーイー・パテール。国民会議派の有力指導者で初代内相兼副首相。「インドの鉄の男」と呼ばれる。ヒンディー語、ウルドゥー語、ペルシャ語で「チーフ」を意味する尊称「サルダール」を使って、サルダール・パテールともいわれる。2018年、モディ首相の地元グジャラート州で「統一の像」と名づけられたパテールの像が完成している。魯山大仏を超える182メートルの世界最大の像で、自由の女神の2倍の高さがある。

独立の志士までも含んだ神話世界の今日に生きる姿がインドのコンテンツの力だ。それは映画という形だけでなく、現実の政治の中でも生きている。その力は、歴史の長さと、若い人口のバイタリティーを掛け合わせたものとして、強大な力を世界中に発信している。

インド仏教を支える日本人

インドの神話の世界が日本に上陸しようとしているのであれば、逆に日本の宗教はインドにどのような影響を与えているのであろうか。

佐々井秀嶺（1935年8月30日―）は、インド中西部のマハーラーシュトラ州の冬の都ナーグプルのインドラ寺で住職を務めているインドの僧だ。50年以上にわたりインド現地で仏教復興や社会活動に取り組んでいる。インド名はアーリヤ・ナーガールジュナという。インド国籍取得前の本名は佐々井実という。

2023年6月、日本への一時帰国の際にお目にかかる機会があった。佛教大学で「若者たちへ　佐々井秀嶺師との対話」と題された講演会があり、お邪魔した。講演会はパーリ語による勤行で始まり、佐々井師が来場者と一緒に「ジャイビーム」と唱えた。ジャイビームはビームラーオ・アンベドカルを称えるもので「万歳・ビーム」という意味だ。パワフルな人である。参加者からも「佐々井上人の力の根源は？」「挫折はありましたか？」などの質問が寄せられていた。取材の約束をしていなかったため、質問用紙に「好きな花は？」と書いて出した。300人以上の参加者があったが、質問が採用され、佐々井師が、白蓮だと答えた。講演会が終わり、その質問を出したのは自分だと自己紹介すると、「お前やったか」と大きく微笑んだ。米寿の齢を感じさせない覇気のある声で、ユーモアを交えたトークには引き込まれた。「傷まみれ、泥まみれ、糞まみれになって民衆とともに生きたんだ」と語る。

アンベドカルは、インドの社会改革運動家で政治家。旧不可触民カーストの出身で1920年ごろから不可触民制撤廃運動に身を投じた。独立達成よりも社会改革を優先させるべきであると主張しガンディーや国民会議派と対立した。独立後、初代ネルー内閣の法相、憲法起草委員会の委員長として活躍した。不可触民制の根源はヒンドゥー教にあるとして、死の2か月前に数十万の大衆とともに仏教に改宗した。アンベドカルの仏教は旧来の仏教と区別して新仏教と呼ばれる。

前3世紀、マウリヤ朝全盛期のアショーカ王は領土を北インド全域に及ぼし仏教を篤く信仰し、仏法（ダルマ）にもとづく統治を行った。アショーカ王は、カリンガ国を征服したとき戦争で多くの犠牲を出したことを深く恥じて、仏教に深く帰依するようになったとされる。ダルマ統治の理念を記した碑文を石柱に刻んだり（石柱碑）、崖に刻んだり（磨崖碑）して民衆を教化、アショーカ王の時代に3回目の仏典結集が行われ、全土に仏塔（ストゥーパ）を建て、仏舎利（ブッダの遺骨）を分納した。インドでの仏教はその後、ヒンドゥー教の広がりとともに下火となり、現在のインドでの仏教徒の割合は1％にも満たない。ヒンドゥー教では仏陀はヴィシュヌ神の化身（アヴァター）の一つと位置付けられている。ヒンドゥー教徒が多数を占めるインドでは仏教は少数派の宗教だ。佐々井師は、仏教徒の権利確保と仏教遺跡の管理権返還に関する政府内部への働きかけを行ってきた。

2023年6月、奈良の霊山寺《りょうせんじ》に奈良時代に仏教を伝えるため来日したインド僧の像が寄贈された。菩提僊那《ぼだいせんな》は来日後、平城京の大安寺に住み、東大寺の大仏開眼供養会で導師を務めた。霊山寺を訪れた際、寺のある登美山の形がインドの霊鷲山《りょうじゅせん》に似ていることからこの寺の名を付けたとされる。寺内には供養塔がある。

像は高さ93センチの銅製の坐像で、霊山寺本堂に安置している木彫像をもとにインドで造られた。東山光秀管長とニキレーシュ・ギリ在大阪・神戸インド総領事が除幕し、読経などが行われた。東大寺の寺内にかつて校舎があった東大寺学園中学校・高校は筆者の母校だ。毎日、大仏さんにおじぎをしてから6年間、学校に通った。

北海道のインド人

北海道ではインド人が暮らし始めている。筆者がNHKの番組『所さん！事件ですよ』に出演したときの特集テーマでもあった。人口1万1000人あまりの日高浦河町には、サラブレッドの育成を担うインド人を中心におよそ400人の外国人が暮らしている。外国人のおよそ8割がインド人。浦河町は有名な馬産地で、馬の調教の専門技能があるインド人を受け入れている。イギリスの植民地時代に競馬が始まったインドには中東などで調教の経験があるインド人が多い。人手不足の牧場には欠かせない存在で移住にともなって家族連れも多くなってきた。北海道ではインド映画の撮影も話題となった。札幌フィルムコミッションが支援している『One Day』の撮影だ。冬の北海道を舞台にしたラブストーリーで、道内で撮影しタイでヒットした映画のインド版の作品だ。北海道の冬の魅力は雪。日本では見慣れた光景もアジアの暑い国々では映画に映える光景となる。２０２４年２月には駐日インド大使館のシビ・ジョージ大使もさっぽろ雪まつりを視察し、映画の撮影では、ドローンを使用して、さっぽろ雪まつり会場を上空から撮影したということだ。『One Day』のプロデューサー・主演はジュネイド・カーン。『きっと、うまくいく』（２００９年）、『ラガーン』（２００１年）などの主演作で知られるインド映画俳優のアーミル・カーンの長男だ。ジュネイド・カーンは秋元克広市長を訪問し「札幌の街の美しさを世界に紹介できることがうれしい」とも話している。

ニューデリーでは、北海道産ホタテの魅力をアピールするイベントも開かれている。在インド日本大使館が主催したもので、大使館内にインドのホテルや食品業界の関係者らを招待し、ホタテのバターしょうゆ焼きや刺し身を振る舞った。

「コメ」文化の輸出

日本は文化の力としてはインドに負けない程度の歴史の力があり、ものづくり、おもてなしなどの様々な形でのコンテンツ力もある。アニメの分野では、世界に冠たる地位を持っている。工業的な技術力、品質良質なインフラストラクチャーなど、日本が世界に誇れるものはまだまだたくさんある。「コメ」文化もその例外ではない。

日本酒メーカーがインド法人を設立している。江戸時代中期（1717年）に創業し「繁桝《しげます》」で知られる日本酒蔵の高橋商店（福岡県八女市）が自社蔵で造った日本酒を福岡からインドに輸出。「シゲマス・インディア」はインド事業責任者を務めるインド人従業員とともに設立された。大吟醸酒や特別純米酒、本醸造酒、さらに純米梅酒、酒かす焼酎など、日本の味がインドの市場に浸透していくことになるのだろうか。日本酒を飲食店で卸売販売できるようになるのか注目だ。福岡から船やトラックでニューデリーに届くまで輸送には約1か月の期間を要する。品質管理や倉庫保管を徹底して、日本酒が高級ホテルのレストランなどでインド人の富裕層に提供されることになる日はそれほど遠くないのかもしれない。

日本の日本酒市場は縮小が長年続いている。少子高齢化で飲む機会や人が少なくなり、消費者の好みも変化した。新型コロナウイルスの流行で、居酒屋で飲むことも少なくなった。勤務後の飲み会の慣習もビール中心の一次会で終わる。目指すは若い人口の国、インドというわけだ。フランスでは出羽桜酒造（山形）や宮坂醸造（長野）といった酒蔵の進出が知られている。インドでは和食も人気となりはじめているが、日本酒がインドで普及するには、インドの料理と合うかどうかも大切だ。インドのコメを使った現地生産など、料理との組み合わせではない飲酒の形や、地酒文化なども生まれるかもしれない。

山形市の米穀卸の「アスク」もインドでのコメ事業を拡大している。インドで日本のコメを生産しているのだ。2023年秋には新たな精米設備を導入し、加工品質も向上させている。現地の日本食レストランなどへの販売が増え、ジャポニカ米の「谷藤」が全日本空輸（ANA）の国際線機内食で提供された。このアスクもインドへの酒類輸出に乗り出し、インドの酒類製造販売大手と提携、山形県の日本酒関係者らを招いた交流会で商談を行っている。山形市では、インドのあの神様も有名だ。落合町の里芋畑に巨大な地上絵が出現する。縦約100メートル、横約80メートルの、体は人間、頭は象というインドの神様「ガネーシャ」だ。里芋を植える畝で線が描かれ、上空から見るとその全体像がわかる。シヴァ神の化身「ナタラージャ」の地上絵も描かれている。

インドで売られる「柿の種」は、「カリカリ」の名で知られる。新潟の亀田製菓はインド出身の会長が率いている。日本人にとってなじみの深い「亀田の柿の種」がお菓子として商品開発されている。２０２０年1月に販売が始まった「カリカリ」のフレーバーはソルトペッパー、ワサビ、スパイスマニア、チリガーリックとある。亀田製菓が現地企業と合弁会社を設立し工場を現地に新設した。１３５デリーのほか、ムンバイやベンガルールなど主要都市で販売されている。１３５グラム入りで99ルピーとインドでは少し高級なお菓子の価格帯になる〝柿ピー〟としてスタートした。日本の「亀田の柿の種」より粒が大きく硬い。原料にはインド産の米を使う。インドはベジタリアンが多いため卵やかつおだしなど動物由来の成分は使っていないという。ジュネジャ・レカ・ラジュ会長は、１９８４年に来日し、名古屋大学大学院で食品工業化学を学んで博士号を取得した。大手食品素材メーカーでインド人役員として注目され、ロート製薬でも副社長として海外事業などを担った。２０２０年に亀田製菓に転じ２０２２年に代表取締役会長CEOに就任した。亀田製菓は「グローバル・フード・カンパニー」を目指すと掲げている。

新潟には、ニルマラ・シタラマン財務大臣兼企業問題大臣が、新潟県で行われたG7財務大臣・中央銀行総裁会議に出席するため来日した。到着空港ではシビ・ジョージ駐日インド大使が出迎えた。

日本中でインド熱

食品業界をはじめ、日本では人口が頭打ちとなる中で海外進出を考えざるを得ない。日本の地方都市とインドとの産業を通じた交流が加速している。

高知県にはインドの農業関係者がショウガ加工技術を視察に訪れている。全国有数のショウガの産地の流通や加工技術を学ぼうと香美市の加工会社を視察した。大型の冷蔵施設でショウガを1年余りにわたって低温保管できることや、ショウガをサイズごとに仕分ける工程などが紹介された。インドでは収穫した作物を長期間保管できる貯蔵施設が少なく、流通や加工をするためのインフラの整備が課題になっている。

鳥取県では、若手インド人社員が人工知能（ＡＩ）でシイタケ栽培をサポートしているとのことだ。米子市新開のシステム開発会社「東亜ソフトウェア」で、インドから来た女性社員２人が、ＡＩでシイタケの適切な栽培工程を予測し、高効率の収穫につなげるシステム開発に取り組んでいることが報じられている。２人はインドの大学でコンピューターサイエンスを専攻しＡＩの知識や開発経験が豊富で、キノコ生産会社からの依頼で栽培データ３年分をＡＩに学習させている。菌床の水分量やｐＨ値などの細かいデータを学習させるという。

東京都の小池百合子知事も訪印している。燃料電池、脳卒中患者障害ＶＲリハビリ、プラスチック廃棄物、果物を切断せずに品質評価するなどのスタートアップ企業と交流した。インド工科大学ガンディナガル校（ＩＩＴ　ＧＮ）が小池都知事を迎えた。知事は東京でインドの学生が働き、新興企業が製品を開発するため、交換プログラムやコラボレーションに取り組みたいと述べたという。

人気ゲーム「ポケットモンスター（ポケモン）」のキャラクター関連事業を手掛ける株式会社ポケモン（東京都港区）もインド開拓に力を入れている。2023年3月、インドマーケティング室を社内で新設。クリケットのプロチームと提携するなど人気ポケモン「ピカチュウ」を軸に認知度アップに取り組むという。デリー首都圏のノイダにある大型ショッピングモールでは、インド初となるイベント「ポケモン・メラ」を開催しピカチュウがダンスショーを披露した。ポケモンはインドでも大人気だ。

日本人にとってのインド

インド最長の海上道路が日本の支援で開通し、交通渋滞などの軽減に期待が寄せられている。2024年1月インド最大の商業都市ムンバイの湾岸部に全長およそ22キロの「ムンバイ湾横断道路」が完成した。ムンバイの中心部と湾を挟んだ対岸の地域を結ぶ。2018年から工事が進められ、総工費の70％余りの資金をＪＩＣＡ（国際協力機構）が円借款で供与した。橋桁などに日本の最新技術が用いられている。日本政府の推進する「質の高いインフラパートナーシップ」に資する案件となった。

ムンバイは、都市圏の人口がおよそ1800万人に上るインド最大の商業都市で急速に都市化が進んでいる。増大する人口と自動車で交通渋滞が深刻化している。筆者もムンバイで車の移動中、渋滞に引っかかって身動きがとれなくなったことがある。全く動かない状況となった。

ムンバイは「ボンベイ」と呼ばれていた。ボンベイという呼び名はポルトガル語の「良港＝ボンバイア」に由来し、位置的に貿易をするには適していたが、道路交通網のインフラ整備が遅れていた。インド亜大陸とは離れたサルセッテ島のさらに先にあるボンベイ島に経済が集中している。海を通して世界には開けているのだが、陸側のインドの発展に伴う交易量に追いついていない。「ムンバイ湾横断道路」は東京湾アクアラインのように湾を横断して一気に物流を改善する。

「日本を信頼できる」という人の割合がインドでは96％に上っている。外務省の海外世論調査で日本は引き続き信頼される国になっている。2023年に18歳から69歳までの2200名を対象にインターネットで行われた調査では、対日関係について、97％（前回2021年91％）が「とても友好的な関係にある」または「どちらかというと友好的な関係にある」と回答した。対日信頼度については、96％（前回90％）が「とても信頼できる」または「どちらかというと信頼できる」と回答。日本の平和国家としての歩みについてどう思うかとの質問に対しては、90％（前回95％）が「大いに評価する」または「ある程度評価する」としている。今後重要なパートナーとなる国・機関を選ぶ質問（複数回答可）では、50％（前回43％）が日本を選択し、アメリカに次いで2位となった。外務省は、アメリカ、オーストラリア、東南アジア諸国連合（ASEAN）、中南米でも対日世論調査を行っているが、日本を「信頼できる」とした回答の割合が最も高かったのはインドで、アメリカは73％だった。日本はそこまで信頼されているのだ。

日本との関係はインドの核実験で冷え込んだ時期もあったが、現在はよい関係が続いている。経済連携協定や原子力協定が結ばれ、インドには日本の高速旅客鉄道の新幹線も導入されることになっている。インドに進出する日本企業も、少し頭打ちの感もあるものの順調に増えている。

インドと日本がソフトパワーで親和性があるという点も注目に値する。もともと仏教の深いつながりがあり、命や食べ物を大切にする文化、モッタイナイ文化も自然志向のインドと通底する。一神教の神との一対一関係ではなく自分を取り巻く自然との関係を重視することも似ている。日本のアニメがインドで大人気となりインドの映画が日本で大当たりするようになったことと、文化の深いつながりは無関係ではない。インドでは相撲も大人気だ。

岸田文雄首相は、広島での主要国首脳会議（G7サミット）の拡大会合に招待したインドのモディ首相を、他の7か国の首脳や国際機関トップらとともに広島市の平和記念資料館（原爆資料館）に招待し、モディ首相は公園内の原爆慰霊碑に献花した。インドは核拡散防止条約（NPT）に加盟せず、条約の枠外で核兵器を保有しているが、インド連邦下院では、8月6日に原爆犠牲者を追悼するための黙祷が毎年のように行われる。G7サミットに際しインドは、ガンディーの胸像を広島市に寄贈した。胸像は高さ約2・2メートル。像が設置された平和記念公園近くの緑地帯でモディ首相自らが松井一実市長らとともに除幕式に出席した。ガンディーの非暴力の理念が、広島市の掲げる平和文化の振興に一致するとして受け入れることを決めたものだが、他国の偉人の像が日本国内に設置されるのは意味深い。

日本企業のインド進出で最大の成功例は自動車のスズキだが、インド国内と中東・欧州向けのビジネススタイルなので「アジアの中のインド」の観点ではインド投資は進んでいない。世界戦略の中で、どうインドを見るかが重要になってくる。人口14億という消費市場としてのインドは魅力的だが、すでに世界各国の企業が参入し、かなり競争激化した状態でもある。

一方でインドにとって日本経済が魅力的なのかどうかも重要な視点だ。日本企業もそこを考えて、インドとビジネスをする必要がある。日本は経済成長するインドを傍観せずに波に乗る必要があるだろう。新幹線等の輸送インフラなど日本が得意とする技術をインドに輸出することには期待が大きいが、価格や利用方法などで現地の現実を踏まえないと簡単には進まない。

日本のテレビでは、TBSの「日立 世界ふしぎ発見!」、日本テレビの「世界の果てまでイッテQ!」など民放キー各局が『RRR』に関連したゴールデンタイムの番組を放送し、『RRR』以外でも、運送会社のインド現地での奮闘ぶりを扱った番組や、ラクダの毛刈りや川渡りを追ったもの、音楽を軸にした旅紀行番組など、放送される機会が頻繁になり、番組のすべてを観つくすことができないほどになってきた。

これは日本におけるインド世界の「大衆化」である。一部のインド関係者やインドファンだけでなく、主婦、学生、サラリーマンなど様々な人々がインドを楽しむようになってきた。「私だけ」のインドが、「みんな」のインドに変化している。特に2023年は、G20の議長国として国際場裏での立ち位置が多くの人々の関心を集め、月面探査プロジェクトを成功させたという視覚的にも注目を集めやすいニュースもあった。そして2024年には総選挙があった。こうしたタイミングの良さとも重なり、インドへの注目度が急速に高まることになった。これまでの日印関係では言葉の問題がネックだったが、インド国内で日本語を話せるようになる人も増えている。人的交流が盛んになり日印のビジネスチャンスは加速度的に広がっている。

インドと日本は仏教という奥深いところでつながっていると言われ、そのこと自体は間違っていないのではないかと思う。ヒンドゥー教は火や川や雷を怖れる多神教であり、家の中にも街中にもいたるところに神像がある生活の宗教である。この辺りは、自分と周りを取り囲む八百万の神々や自然との関係において捉える日本と似ている。聖書やコーランに書かれていることが規範となる一神教の神と自分との一対一の関係ではない。生き方についての考え方であるところも日本人の宗教観とは親和性がある。だから日本人はインドにいつまでもとらえどころのない「不思議の国」であって欲しいと思っている。バックパッカーたちが自分探しをするために日常を離れて出かける空間が我々には必要だった。

しかしそんな事情が少し変わってきている。インドを訪れることはかつてのように珍しいことではなくなったし、映画やテレビ番組を通して生のインドの映像が自宅にいながらにしてみられるようになった。インドの屋台動画の映像はネット動画で何百万回と再生されている。想像の中のインドが現実のものとして提示されるようになった。アニメを通して日本を知ったインド人が日本に住み始め、日本の企業がインドに大挙して進出し始めている。お互いの文化をまだほとんど知らない状態だった両国民の考えが堰を切ったように変わり始めている。

おわりに

いよいよインドが日本を抜く日が迫っている。日本の名目国内総生産（GDP）が2025年、インドに抜かれ、世界5位になる見通しとなった。円安でドルに換算した額が目減りした形だが、日本とインドが逆転するのは時間の問題だ。若い人口、ITを支える優秀な頭脳、英語が使える国際サービス、資金を戦略的に使える財閥の存在などインド経済の強さを示す要因は多い。筆者はその中でもイノベーションの力に圧倒される。例えば、インドは雑穀の生産を改めて奨励している。雑穀は繊維やミネラルが多く含まれている健康食品で、自然派志向のインドらしいイニシアティブだ。雑穀の生産を奨励するプロモーションビデオはグラミー賞にノミネートされ、モディ首相自身が出演している。雑穀は肥料も輸送費も少なくすみ、地球にやさしい食糧で、世界の環境問題や健康問題のソリューションを提示している。

インドのイノベーションは世界の課題解決型のビジネスモデルなので可能性が大きく世界に広がる。以前には太陽光の利用を呼び掛けたことがある。これは途上国の支持を得て国際政治の上でも大きな力となった。こうしたインド型のイノベーションは、まったく新しい技術を生み出すというより、古くからある自然の力や伝統の知恵を生かすというものだ。だから導入に国籍がなく、地域を越えた汎用性が強い。

「広瀬さん、インドって『最強国家』じゃないですか」

インドへの関心が日ごとに増してきたそんな折にマイナビ新書の田島孝二さんから本書の出版の話をいただいた。その時は、インドが「最強」だなんてとんでもない話だ、と正直思った。日本国内ではインドの人口が世界一になっただとか、これから中国に迫る経済大国になるなどとインドを持ち上げる議論が盛んなので、何か誤解されているのではないかと心配になったのだ。国際関係の上では確かにインドの存在感が高まっており、アメリカと中国に次ぐ第3の国としての影響力を持ち始めているというのは事実だ。かといって国力が「最強」「一番」ということはない。インド人の多くはまだ近代化されていない農業に従事しており、徐々に向上してきているとはいえ女性の識字率は70%程度に留まる。つまり女性の4人に1人は残念ながらまだ読み書きができない。途上国としてのインドを伝えるニュースも絶えることはない。

2024年5月13日、インド西部のムンバイで縦横35メートルの巨大な看板が倒れ、少なくとも14人が死亡し、70人以上がけがをした。強風の影響で巨大な看板が倒れたのだ。住宅やガソリンスタンドなどの上に落下した。金属の骨組みがついた看板が横倒しになった。日本ではあり得ないようなことがインドではまだまだ日常茶飯事のように次々と起きている。看板が違法に建てられたものなのか、規格には適合していたのか、カオスの状態はまだまだ続いている。

暑さで多くの人が死亡するという状況も変わっていない。2024年もインドでは、熱波の影響のため一部で最高気温が50度を超えるなど記録的な暑さとなった。暑さが特に厳しさを増す5月には少なくとも46人が倒れた。各地で45度を超える日が続き、総選挙の投票事務に従事する人たちも相次いで死亡した。長時間、日光にさらされながら重労働をする人たちが大勢いる。熱中症の危険性への認識や対策も不十分だ。

インド東部オリッサ（オディシャ）州では2023年6月2日、3本の列車がからむ衝突事故があり300人近くが死亡し、およそ800人がけがをする大事故があった。旅客列車が脱線して貨物列車と別の旅客列車に衝突した。インドはイギリスが導入した世界最大級の鉄道網を有するが施設の老朽化と運行管理の不備が指摘され続けており、この事故のあとも死者を伴う列車事故が絶えない。安全運行のインフラと意識改革が輸送のニーズに追いついておらず、列車の天井に乗ったり列車にぶら下がるようにして乗ったりする人たちの姿がまだ続いている。

好調が伝えられるインド経済にも弱点がある。女性の力を生かしきれていないこと、農業が天候に左右されること、まだまだ州の独立性が強いことなどがある。

しかし最大のリスク要因は、経済と政治の悪い組み合わせが起きることだ。商品の付加価値を高めても、国際基準を導入しようとすると農民など既得権層が政治的な反対デモを行って政府の方針を変更せざるを得なくなる。経済が順調でもインフレになると物価が上がり、庶民の不満が増し、与党が選挙に負け、政権が不安定になる。今のところモディ政権は安定しているように見えるが、想定外のことが起きないか常に注意深く見る必要がある。

想定外のリスクもまったくないとはいえない。マハトマ・ガンディー、インディラ・ガンディー、ラジブ・ガンディーといったインドの指導者は予期せぬテロで命を落としている。モディ首相はもちろん強い警護の中にある。しかし、サイバーテロや原子力施設、ダムを標的にした破壊活動など、新しい技術の発達が生み出す危険もかつては心配する必要がなかったリスクだ。最近ではトランプ暗殺未遂事件もそうした危険を思い出させることとなった。モディ政権は民主主義によって選ばれた政権だが、長期政権になるとどうしても権力が集中し権威主義になってきている。イスラム教徒との軋轢もリスク要因で、宗教マイノリティーは通常の外交ルートでは処理できない新たな問題を生んでいる。シク教の指導者の暗殺事件はカナダとの間で国際問題にまで発展した。インドは一般的な国力で「最強国家」と胸を張れる実力はない。

しかしその一方で、インドが様々な分野で「最強国家」であることも同時に事実だ。テレビ記者時代にはインドが一番のものにいろいろ注目して取材したことがある。インドが一番なのはまずは数学の能力だ。誰もが2桁の暗算ができるというのは少し大げさだが、世界一の優れたIT技術者の輩出国であることは間違いない。人口は世界最大となった。インドの映画製作本数は世界一で、かつインドは世界一古い文明を持っている国の一つである。

近年、特にインドが「最強国家」としての実力を示し始めているのが国際関係の領域だ。アメリカとの関係で最も重要なのはインド・太平洋の対中安全保障である。また同時多発テロ以降の対イスラム過激派対策やアフガン戦争の総括も、インドとアメリカの関係を考える上で外すことができないテーマとなっている。経済面ではアップルの直営店が進出したことからわかるようにまだまだ未開拓な市場が広がっている。カマラ・ハリス副大統領、ニッキー・ヘイリー元国連大使などアメリカ政治の中枢にいる印僑の存在も忘れてはならない。

中国との間では、国境紛争でこれまで見えない高度の寒冷地に文字通り「棚上げ」されてきた問題が、衛星写真などの最新の軍事技術でもはや「棚上げ」できなくなってきた。デジタル・イノベーションは、ナショナリズムという本来は目に見えない問題を映像で示すことになった。両国とも国内の世論対策として国境問題では一歩も譲れない。少なくとも強硬な姿勢を示し続けなければならないのだ。1962年の中印国境紛争で痛い敗北を喫したインドは特に中国の動きに警戒感を緩めない。その一方で経済関係では中国から大量の雑貨、生活用品を買い込んで消費財の供給源として中国に大きく依存している。このためインドは中国が提唱する一帯一路構想には加わっていないが中国が主導するＡＩＩＢ（アジアインフラ投資銀行）のメンバーにはなっている。政治・安全保障では対立の姿勢を示していても経済では互いの利を重視する。本音と建前の使い分けをあからさまにしている。

本音と建前ということでいうとロシアとの関係は以前にもましてわかりやすくなってきている。ウクライナ危機でロシア支持ともとれる姿勢をとっているインドのモディ首相はプーチン大統領との会談で「今は戦争の時代ではない」と盟友をいさめる姿勢をとってみせた。これはプーチン大統領にとっては屈辱的なことだったに違いない。しかしそれは建前としてみるべきであろう。本音のところでは両者の間に溝が生まれたとは思えない。インドはロシアの油を購入し続け国連決議でもロシアに背を向けることはない。いまだにその多くをロシアからの輸入に頼っているインド軍の武器調達、インドのエネルギー政策をつくってきた原子力発電での技術協力など、同盟国間でさえも難しい絆を両国は結んできた。

インドはロシアの他にも友人を増やしている。ハマスとの戦闘で人道面での批判を集めたイスラエルに対しインドは擁護する姿勢を示した。アメリカとの蜜月関係を背景にした支持もあるし、エネルギー供給地域で外貨送金の供給元である中東地域でのプレゼンスの確保などイスラエルと関係を強化する理由は多い。中でもインドにとってイスラム過激派対策は死活的に需要な課題だ。非国家主体のハマスの活動に理解を示すのは、国会を襲撃されムンバイで大規模テロを起こされカシミールでは実効支配線からの侵入に備えなければならないなど、国内のイスラム武装組織対策に手を焼いてきたインドにとっては難しいことだ。

その他の国々との関係はどうだろうか。注目は新興国や途上国の集まりであるグローバルサウスの国々だ。インドはグローバルサウスのリーダーを目指している。これは自主独立外交が中心だったインドにとって大きな変化だといえる。背景には周辺地域で影響力を増す中国の存在がある。中国の影響力拡大は相手国を「債務の罠」に陥らせることもある。大量の資金投下の手法で南アジアやアフリ力で勢力範囲を広げる中国に自分の縄張りを荒らされたくないという思いがインドにはある。インドが中国の経済力外交とは一線を画す形で訴えるのが反植民地主義だ。地球環境、感染症、テロリズム、紛争などの最近のグローバルな問題は多くの場合、原因が先進国にあり、グローバルサウスの国々が被害者の立場だ。だから団結しなければならないという主張ができるのは中国ではなくインドだと訴えるのだ。先進国主導の国際秩序はゲームチェンジャーのインドの出現によって大きく急速に変わろうとしている。古い理屈でインドと戦っても勝ち目はない。誰もインド自らの成長を止めることはできず、インドの主張は間違っていなければ黙って従うしかない。

だから泣く子と地頭と、

インドには勝てない。

本書の「はじめに」の中で、その理由についてインドは喧嘩を仕掛けてこないからだ、とした。他の地域に版図を広げる余裕も必要もなかった、ともした。しかし、「最強国家」としての実力が露わになってくれば、これからインド自身の意思とはうらはらに国際関係が緊張するような場面が生まれてくるかもしれない。日本との関係もその例外ではない。バーラトという新しい名を名乗り、これまで見られなかった自己主張を始めたインドの可能性とリスクの双方の底知れない「実力」を注視しなければならないのだ。

《了》

参考文献

・Alex Travelli "What 10 Years of Modi Rule Has Meant for India's Economy" The New York Times April 1, 2024

・日本経済新聞「不良債権処理　インド本腰　債務逃れ『ビール王』、英で逮捕」２０１７年４月20日

・水谷俊博「カルナータカ州議会選、国民会議派が大勝」ジェトロ（日本貿易振興機構）ビジネス短信、２０２３年５月16日

・The Hindu Bureau, "CSDS-Lokniti 2024 pre-poll survey; BJP has an edge, but a tough fight is possible," The Hindu, April 13, 2024.

・Vibha Attri and Naman Jaju, "CSDS-Lokniti post-poll survey: Evaluating government's performance and its impact on voting patterns," The Hindu, June 6, 2024.

・BBC "Freddie Mercury's complex relationship with Zanzibar" 24 October 2018
・Frank Jack Daniel and Rajesh Kumar Singh "Advisers to India's Modi dream of a Thatcherite revolution" Reuter, April 6, 2014
・ＮＨＫ「アメリカ大統領選挙２０２０　民主党副大統領候補 ハリス氏の受諾演説」https://www3.nhk.or.jp/news/special/international_news_navi/us-election/presidential-election/2020/report/about_joe-biden/about_joe-biden_01.html
・孝忠延夫、浅野 宜之『インドの憲法〔新版〕—「国民国家」の困難性と可能性』（関西大学出版部）２０１９年１月７日
・Kamaldeep Singh Brar "Who was Hardeep Singh Nijjar, the Khalistani separatist shot dead in Canada?" June 19, 2023, The Indian Express
・吉田修「インドと旧ソ連・ロシア—国際関係の連続性と相違」（２００４）21世紀ＣＯＥプログラム研究報告集№.２ロシア外交の現在Ⅰ

・"Punjab ancestry, Oxford graduate, ・ proud Hindu・ ? all eyes on Rishi Sunak in UK PM race" ThePrint 19 July, 2022
https://theprint.in/world/punjab-ancestry-oxford-graduate-proud-hindu-all-eyes-on-rishi-sunak-in-uk-pm-race/1045990/
・Pippa Crerar,Daniel Orton "Sadiq Khan makes historic border crossing from India to Pakistan on foot" The Standard 7 December 2017
https://www.standard.co.uk/news/world/sadiq-khan-makes-historic-border-crossing-on-foot-from-india-to-pakistan-a3712026.html
・Social and Political Barometer Posttpoll Study 2024-Survey Findings
https://www.lokniti.org/media/PDF-upload/1718435207_67606300_download_report.pdf

●著者プロフィール
広瀬 公巳（ひろせ・ひろみ）
元 NHK ニューデリー支局長、解説委員。現在は近畿大学国際学部教授、岐阜女子大学南アジア研究センター特別客員教授。日本南アジア学会、日印協会会員。関西日印文化協会副会長。早稲田大学エクステンションセンター、NHK 文化センター講師など各種講演。著書に『自爆攻撃 私を襲った 32 発の榴弾』（第 34 回大宅賞最終候補作）、『インドが変える世界地図 モディの衝撃』（文春新書）など。

マイナビ新書

底知れないインド 「最強国家」の実力を探る

2024 年 9 月 30 日 初版第 1 刷発行

著 者 広瀬公巳
発行者 角竹輝紀
発行所 株式会社マイナビ出版
〒101-0003 東京都千代田区一ツ橋 2-6-3 一ツ橋ビル 2F
TEL 0480-38-6872（注文専用ダイヤル）
TEL 03-3556-2731（販売部）
TEL 03-3556-2738（編集部）
E-Mail pc-books@mynavi.jp（質問用）
URL https://book.mynavi.jp/

装幀 小口翔平＋青山風音 (tobufune)
DTP 富宗治
印刷・製本 中央精版印刷株式会社

 ISBN978-4-8399-8627-8
Printed in Japan